RÈGLEMENT

POUR LES FRAIS

DE

COMPARUTION EN JUSTICE

ET LE TRANSFÈREMENT

DES PRISONNIERS.

PARIS
11, Place Saint-André-des-Arts

LIMOGES
46, Nouvelle route d'Aixe, 46

HENRI CHARLES-LAVAUZELLE
Editeur militaire.

1889

FRAIS DE COMPARUTION

EN JUSTICE

ET TRANSFÈREMENT DES PRISONNIERS

RÈGLEMENT

POUR LES FRAIS

DE

COMPARUTION EN JUSTICE

ET LE TRANSFÈREMENT

DES PRISONNIERS.

PARIS
11, Place Saint-André-des-Arts

LIMOGES
46, Nouvelle route d'Aixe, 46

HENRI CHARLES-LAVAUZELLE

Editeur militaire.

1889

RÈGLEMENT

POUR LES FRAIS DE

COMPARUTION EN JUSTICE

ET LE TRANSFÈREMENT DES PRISONNIERS.

Le Garde des sceaux, Ministre de la justice et des cultes, à MM. les Procureurs généraux. (Direction des affaire criminelles et des grâces ; 4° Bureau, Frais de justice criminelle.) Circulaire n° 132.

Paris, le 29 novembre 1884.

Monsieur le Procureur général, le décret du 18 juin 1811 dispose que les prévenus ou accusés seront conduits à pied par la gendarmerie de brigade en brigade. Par exception, et si les circonstances l'exigent ces détenus pourront être transférés soit en voiture, soit à cheval, sur les réquisitions motivées des officiers de justice.

Une circulaire du 30 juin 1855 a recommandé

aux magistrats de substituer l'emploi du chemin de fer à celui de la voiture toutes les fois que l'usage de la voie ferrée permettrait de réaliser une économie sur le prix du transport.

Depuis cette époque, le développement de nos réseaux de chemins de fer, la célérité qu'il assure, l'exemple donné par l'administration pénitentiaire de conduire les condamnés en voiture cellulaire, le désir d'accélérer l'instruction et d'abréger la détention préventive, le refus manifesté par la plupart des détenus d'entreprendre ou de continuer une longue route à pied, ont eu pour résultat de multiplier les transports en chemin de fer, même en l'absence des circonstances qui seules, d'après le décret de 1811, justifient l'abandon de la conduite à pied.

J'ai dû me préoccuper de cet état de choses, mais les renseignements variés que j'ai recueillis sur la pratique suivie dans tous nos ressorts judiciaires m'ont démontré l'impossibilité d'imposer des règles fixes dans cette partie du service. Cependant je dois vous recommander de faire respecter en général le principe réglementaire de la conduite à pied, par la raison qu'il est de beaucoup le plus économique.

Il doit y être fait exception toutefois pour les prévenus et accusés malades ou infirmes, les enfants et les vieillards. Ici le sentiment de l'humanité commande l'emploi d'un véhicule.

Pour les détenus valides, la conduite à pied doit être la règle ; elle devra le plus souvent être appliquée notamment pour les mendiants, les vagabonds, les inculpés, non domiciliés, de vols peu importants, les appelants et les récidivistes.

Mais, tout en recommandant que le transport

en voiture ne soit qu'exceptionnellement appliqué aux-détenus valides, je sens la nécessité de laisser aux magistrats une certaine latitude dans l'appréciation des moyens d'effectuer la translation. Lorsque par des motifs d'un intérêt supérieur, — nécessité d'accélérer l'instruction ou d'abréger la durée de la détention préventive, précautions à prendre contre les dangers d'évasion, etc., — ils se croiront autorisés à reléguer au second plan la question d'économie et à renoncer par conséquent à la conduite à pied, les magistrats auront à choisir entre la voie ferrée et la voiture du convoyeur. Les chemins de fer présentent de tels avantages que souvent la dépense sera diminuée par la préférence qui leur sera donnée sur la voiture. On agira dès lors en exécution des instructions contenues dans la circulaire précitée de 1855. Les magistrats se détermineront en faveur d'un système de translation plutôt que d'un autre en s'inspirant à la fois des intérêts du Trésor et de la bonne administration du service judiciaire.

Si les conditions nouvelles de la locomotion forcent la Chancellerie à tolérer l'extension des translations des détenus par les voies ferrées, elles lui créent un devoir d'atténuer, en même temps, le surcroît de dépense qui en résulte par l'organisation d'un système de recouvrement des frais de transport sur les condamnés beaucoup plus efficace que le système actuellement en vigueur.

J'ai dû, en conséquence, arrêter des dispositions nouvelles que je vous prie de vouloir bien mettre à exécution *à partir du 1er janvier prochain.*

I.

DE LA TRANSLATION DES PRÉVENUS OU ACCUSÉS.

1° *Escortes dans le département.*

Les sous-officiers, brigadiers et gendarmes chargés d'opérer en voiture ou en chemin de fer la translation des prévenus, accusés ou condamnés allant en appel dans la circonscription de leur département, ne pouvant être relevés de brigade en brigade, reçoivent pour toutes les journées employées à ce service, tant pour l'aller que pour le retour (1), une indemnité égale à celle

---

(1) Les compagnies de chemins de fer ont été requises d'assurer gratuitement le retour des militaires de la gendarmerie chargés d'exécuter un des services indiqués dans la circulaire du 29 novembre 1884.

Par suite, sur la demande de M. le Ministre de la

du service extraordinaire, soit 1 fr. 25 pour les maréchaux des logis chefs, maréchaux des logis et fourriers, soit 1 franc pour les brigadiers et gendarmes.

Ces militaires devront, avant de partir, rediger leurs mémoires en triple exemplaire. Ils y porteront les frais tant du retour que de l'aller. Arrivés au lieu de destination, ils remettront deux exemplaires au greffe du tribunal en même temps qu'ils opéreront le dépôt du détenu. Un de ces exemplaires sera classé dans le dossier des prévenus ou accusés en cas de condamnation; l'autre sera transmis à la chancellerie dans le bordereau des frais de justice du mois Le troisième exemplaire, revêtu du réquisitoire du ministère public et de l'exécutoire du juge *du*

Justice, ces militaires devront cesser de recevoir la deuxième indemnité de service extraordinaire prévue par la circulaire du 23 mai 1867, lorsqu'ils seront chargés d'escorter par les voies ferrées, dans la circonscription du département, des prévenus ou accusés, et que l'escorte et le retour auront lieu dans la même journée. (Note ministérielle du 4 juin 1885.)

Cette disposition n'est spéciale qu'aux escortes de prévenus ou accusés civils; lorsqu'il s'agit d'escortes de prisonniers militaires, la double indemnité de service extraordinaire est due dans les conditions prévues par la circulaire ministérielle du 15 juillet 1867. (Circulaire ministérielle du 14 janvier 1888.)

tribunal destinataire, sera repris par le gendarme et présenté au receveur de l'enregistrement du lieu de sa résidence ou au receveur le plus à proximité, qui l'acquittera, à titre de mouvement de fonds, pour le compte de son collègue du siège du tribunal chargé de juger l'affaire.

2° *Escortes hors du département.*

Toutes les fois que les sous-officiers, brigadiers et gendarmes sortent de leur département, à la réquisition des magistrats de l'ordre judiciaire, pour escorter des prévenus, des accusés ou des condamnés appelants, il leur est accordé, pour l'aller, une indemnité journalière de déplacement fixée ainsi qu'il suit, savoir :

Aux sous-officiers.	6	francs.
Aux brigadiers.	5	—
Aux gendarmes.	4	—

Cette indemnité, allouée pour le nombre de jours réellement employés à l'escorte, y compris les séjours, est destinée à faire face aux dépenses personnelles de nourriture, de séjours et de découchers des militaires d'escorte. Elle est indépendante des avances qu'ils peuvent être mis dans l'obligation de faire pour la nourriture des détenus et autres frais extraordinaires les concernant. Ces deux allocations continueront à être réglées comme par le passé.

Jusqu'à ce jour, les réquisitions adressées aux compagnies de chemins de fer ne stipulaient que le transport des détenus et celui de l'escorte à l'aller. Au retour, les gendarmes voyageaient comme des militaires isolés, et les indemnités auxquelles ils ont droit toutes les fois qu'ils se trouvent dans l'impossibilité de rentrer le jour même à leur résidence leur étaient avancées par le ministère de la guerre, qui s'en faisait rembourser le montant par mon département. A l'avenir, les magistrats établiront, en double exemplaire, autant de réquisitions distinctes qu'il y aura à parcourir de réseaux différents, ou de parties du même réseau séparées par des lignes appartenant à d'autres compagnies. Ces réquisitions, qui devront indiquer exactement la nature de l'inculpation et le nombre des agents de l'escorte, comprendront à la fois le transport de l'escorte à l'aller et au retour. Les gendarmes pourront ainsi regagner gratuitement le lieu de leur résidence. Le nombre de leurs indemnités journalières sera fixé, pour le retour, au chiffre de celles qui leur sont acquises pour l'aller (non compris bien entendu, les séjours). Ainsi le taux de l'indemnité de retour étant maintenu aux chiffres actuels, soit : adjudant, 3 francs ; maréchal des logis chef et maréchal des logis, 1 fr. 75 ; brigadier et gendarme, 1 fr. 25, il sera alloué autant d'indemnités de retour à 3 francs, 1 fr. 75, 1 fr. 25, qu'il en aura été accordé, pour l'aller, à 6, 5 et 4 francs, dans le cas seulement où les deux indemnités devront se cumuler. Ces deux indemnités, celle du retour comme celle de l'aller, seront portées, ainsi que les autres dépenses, sur le même mémoire rédigé en trois exemplaires.

En échange de la réquisition sur laquelle le chef de l'escorte certifiera, au départ, l'exécution du transport, chaque compagnie de chemin de fer taxera aussitôt, pour le parcours qui lui est propre, outre le transport des prévenus ou accusés et de leur escorte en compartiment réservé à l'aller, le retour des gendarmes au prix militaire et remettra à ceux-ci deux billets collectifs dont un pour le retour. Chacun de ces billets sera muni d'un coupon intitulé : *Duplicata du billet collectif n°* et mentionnera le montant des frais du trajet pour lequel il aura été délivré. Les gendarmes présenteront les deux duplicata au greffe du tribunal, avec deux exemplaires de leur mémoire et conserveront le billet collectif pour le retour. L'un et l'autre billets seront retirés par les gares destinataires, comme tous les billets de chemins de fer. Ainsi qu'il a été dit au paragraphe précédent, le troisième exemplaire du mémoire sera revêtu du réquisitoire et de l'exécutoire des magistrats du tribunal qui doit connaître de l'affaire, pour être, ledit mémoire, payé au même titre par le receveur de l'enregistrement du lieu de la résidence des gendarmes ou par le receveur le plus à proximité. La réquisition produite à l'appui de ce mémoire devra porter la mention apposée par l'autorité destinataire : *Vu arriver le* (date) *à heure* (du matin ou du soir).

Si l'escorte s'applique à un seul prévenu ou accusé, il n'y aura qu'à classer purement et simplement au dossier l'un des mémoires et le billet indiquant les frais faits en chemin de fer. En additionnant les deux espèces de dépenses, on aura le total des frais de transport à la charge dudit prévenu ou accusé, s'il intervient une condamnation. Dans le cas où plusieurs prévenus auraient été escortés en même temps, il appartiendra au greffier de faire le départ des frais afférents à chacun d'eux, afin que les juges puissent comprendre dans l'état de liquidation des dépens la portion exacte des frais à recouvrer sur chaque condamné.

Lorsque les prévenus ou accusés seront transférés en voiture, soit en vertu d'un marché passé avec un convoyeur, soit en vertu d'une réquisition directe adressée à un simple particulier qui aura consenti à effectuer le transport moyennant un prix débattu d'avance, le magistrat requérant devra délivrer sa réquisition en double exemplaire. Chacun de ces deux exemplaires indiquera le prix de la translation. Le convoyeur en laissera un entre les mains du greffier du tribunal ou du greffier ou gardien de la maison d'arrêt, qui le remettra au magistrat instructeur en même temps que l'inculpé. En apposant la mention de : *Vu arriver*, sur la réquisition destinée à servir plus tard d'appui au mémoire, ces fonctionnaires devront ajouter celle-ci : *et reçu le double de la présente.*

Tout convoyeur ou entrepreneur de transport qui présenterait au receveur de l'enregistrement une taxe ou un mémoire appuyé d'une réquisition sur laquelle ne figurerait pas cette mention : *Vu arriver et reçu le double de la présente*, s'en verrait refuser le paiement.

Quant aux gendarmes de l'escorte, ils suivront les règles tracées ci-dessus. Ces militaires feront figurer sur leur mémoire la somme qu'ils auront à débourser pour effectuer leur retour par les voitures publiques.

Pour le cas des gendarmes allant en escorte par voie de mer, voir les circulaires des 24 janvier et 16 février 1885.

N° 347. *Note ministérielle relative aux escortes extraordinaires de prisonniers et à l'allocation des indemnités dues pour ce service aux militaires de la gendarmerie* (5e Direction, Services administratifs; Bureau de la Solde et des Revues.)

Paris, le 12 décembre 1884.

Le ministre a résolu ainsi qu'il suit diverses questions qui lui ont été posées au sujet du droit des militaires de la gendarmerie aux allocations qui leur sont attribuées par les règlements, lorsqu'ils sont chargés d'escortes extraordinaires hors de leur département.

Tout d'abord, une distinction doit être établie entre les voyages d'aller et de retour des gendarmes d'escorte, puisque les indemnités que ces militaires reçoivent pour l'aller, sur les fonds de la solde, en vertu de l'article 314 du décret du 18 février 1863, sont calculées d'après le nombre de journées réellement employées à l'escorte, y compris les séjours, tandis que celles qui leur sont attribuées pour le retour, alors que leur mission spéciale est accomplie, sont déterminées, en raison de la distance à parcourir du point de destination à celui de la résidence, par le décret du 12 juin 1867, dont les dispositions leur sont applicables, comme à tous les militaires voyageant isolément.

Par suite, il n'y a pas lieu d'additionner les distances à franchir dans les deux sens pour déterminer, d'après leur total, le nombre de jours de délais de route auxquels ont droit les militaires chargés d'une escorte.

D'autre part, les gendarmes doivent se remettre en route le plus tôt possible pour rentrer à leur résidence, après avoir fait la remise des individus qu'ils escortaient. A cet effet, pour leur éviter toute perte de temps et tout surcroît de dépenses à destination, les feuilles de route qui leur sont délivrées, lors de leur départ en escorte, doivent indiquer qu'elles sont valables pour le retour sans nouveau visa; ils peuvent recevoir en même temps, par anticipation, les indemnités de route auxquelles ils ont droit pour le retour. (*Circulaire ministérielle du 27 septembre* 1861.)

Après entente avec les départements ministériels de l'intérieur et de la justice, les autorités destinataires (magistrats, chefs de corps de troupe, commandants d'établissements pénitentiaires, agents des prisons civils ou militaires, etc.), devront certifier avec la plus scrupuleuse exactitude, sur le récépissé délivré aux gendarmes d'escorte, non seulement la date, mais encore l'heure de la remise des escortés, en toutes lettres. Cette indication, qui figurera sur les registres d'écrou ou tous autres analogues, sera reproduite également, par les soins du destinataire, avec sa signature, sur les feuilles de route des gendarmes.

Lors de l'apposition du visa de rentrée à la résidence, le rapprochement du récépissé et des feuilles de route pourra être fait.

Enfin, les diverses positions des militaires s'établissant par jour, les allocations qui en dérivent sont dues pour toutes les journées de minuit à minuit, quelle que soit l'heure du départ ou du retour.

Les droits des gendarmes d'escorte doivent donc être réglés ainsi qu'il suit dans les différents cas qui peuvent se présenter :

1° *Escortes exécutées en une seule journée, aller et retour compris.*

Lorsque des gendarmes allant escorter des individus en dehors de leur département peuvent rentrer à leur résidence le même jour, ce qui a lieu quand la distance à parcourir sur les voies ferrées n'excède pas 360 kilomètres (distance minimum à effectuer dans une journée), ils ont droit à l'indemnité d'escorte et, pour le retour, à l'indemnité kilométrique de transport seulement.

Si, par suite des exigences du service ou de toute autre circonstance indépendante de leur volonté, les gendarmes d'escorte ne peuvent rentrer à leur résidence le même jour, ils doivent le faire dûment constater au moyen d'une mention ou d'un visa motivé apposé sur leur feuille de route (article 54, 2e alinéa, du décret du 12 juin 1867.)

2° *Escortes exécutées en plusieurs journées, aller et retour compris.*

Lorsque le retour ne peut s'effectuer le même jour que l'aller, les gendarmes qui reçoivent l'indemnité d'escorte pour les journées employées à ce service, ont droit, pour le retour, aux mêmes allocations de route que les militaires voyageant isolément, calculées d'après la distance à franchir et suivant les délais qui en découlent.

Si, à destination de l'escorte, les gendarmes étaient retenus pour une cause indépendante de leur volonté, ils auraient toujours à en justifier comme il a été dit ci-dessus.

Les gendarmes, devant rejoindre rapidement leur résidence, seront portés rentrés à la date réelle de leur retour, tout en conservant les indemnités journalières qui leur sont acquises d'après les distances parcourues; mais, s'il y a lieu, à l'exclusion des indemnités de résidence et de cherté des vivres qui ne peuvent se cumuler avec les indemnités d'escorte ou de route.

Dépêche du Garde des sceaux, Ministre de la justice et des cultes, au Ministre de la guerre, au sujet des transfèrements extraordinaires opérés par plusieurs brigades avant d'arriver à destination.

Paris, le 8 janvier 1885.

Monsieur le Ministre et cher collègue, le procureur général de Lyon m'a transmis la lettre ci-jointe, dans laquelle le commandant de la gendarmerie du Rhône soulève une difficulté d'exécution de ma circulaire du 29 novembre 1884 sur le transfèrement des prévenus et accusés. Il s'agit de savoir comment on procédera lorsque les mêmes gendarmes ne poursuivront pas l'escorte jusqu'à destination, et seront obligés de s'arrêter à un point de relèvement fixé par les règlements militaires. A titre d'exemple, le commandant de gendarmerie prévoit le cas où un prévenu doit être conduit de Lyon à Nice, par des gendarmes de Lyon qui devront être relevés à Marseille.

Des objections semblables pouvant se produire sur d'autres points, je n'ai pas voulu donner des instructions à cet égard sans les soumettre à votre agrément.

Je prends l'exemple choisi par M. le commandant de gendarmerie du Rhône.

La marche à suivre découle tout naturellement des règles tracées par ma circulaire précitée.

Arrivés à Marseille, les gendarmes remettront au parquet de cette ville, avec deux exemplaires de leur mémoire, les deux duplicata des billets collectifs délivrés par les chemins de fer. Ils reprendront le deuxième exemplaire de la réquisition portant la mention du : « Vu arriver », et ils l'annexeront au troisième exemplaire de leur mémoire, qui sera rendu exécutoire à Lyon par les magistrats de cette ville. Vous voudrez bien remarquer qu'ici, en effet, il est sans intérêt que l'exécutoire soit rendu par le président du tribunal qui doit prononcer la condamnation, celui de Nice, dans l'espèce.

Pour l'escorte de Marseille à Nice, il y aura lieu de suivre exactement les instructions de la circulaire, avec cette seule différence que les gendarmes de Marseille recevront du parquet les deux exemplaires du mémoire et les deux duplicata des billets de chemin de fer collectifs qui leur auront été remis par les gendarmes de Lyon.

Parvenus à Nice, ces militaires seront tenus de reproduire toutes ces pièces avec celles que la circulaire les charge de produire pour leur propre compte. En d'autres termes, il sera procédé comme si Marseille était le point de départ de l'escorte, pourvu que dans les réquisitions, le magistrat du parquet indique que le prévenu vient de Lyon, et que le greffe de Nice reçoive les pièces justificatives de toutes les dépenses faites non seulement depuis Marseille, mais encore depuis Lyon.

Il me semble, Monsieur le Ministre et cher collègue, que cette combinaison est de nature à concilier les exigences du service de la gendarmerie et les mesures prescrites pour faciliter le recouvrement des frais de transport des prévenus. Si, comme je l'espère, elle obtient votre assentiment, je vous serai obligé de vouloir bien, en me renvoyant la lettre ci-jointe, me le faire connaître le plus tôt possible afin que je puisse donner des instructions dans ce sens à Lyon, comme dans toutes les autres villes où la même objection pourrait s'élever.

De votre côté, vous disposerez de cet élément de solution toutes les fois que vous serez saisi d'une difficulté analogue.

Agréez, monsieur le Ministre et cher collègue, l'assurance de ma haute considération.

Cette solution a été approuvée par une dépêche du Ministre de la guerre en date du 14 janvier 1885.

Nota. — Le trajet à effectuer pour chaque escorte, du point de départ au point d'arrivée, doit être limité à

500 kilomètres au maximum. (Circulaire du Ministre de la Justice du 5 juillet 1885.)

Circulaire du 29 *novembre* 1884 (suite).

II.

DE LA TRANSLATION DES DÉTENUS APPELÉS EN TÉMOIGNAGE.

Lorsque des condamnés appelés à comparaître comme témoins devant un tribunal ou une cour sont extraits de l'établissement où ils subissent leur peine, les frais de leur translation à l'aller sont recouvrables sur les prévenus ou accusés contre qui une condamnation aura été prononcée. Il conviendra donc d'observer dans cette circonstance les règles établies pour la translation des inculpés.

Mais, une fois que ces détenus ont effectué leur déposition, ils redeviennent de simples condamnés et à ce titre ils doivent être mis, immédiatement après leur comparution, à la disposition de l'autorité administrative. La circulaire du 30 juin 1875 indique la marche à suivre en pareil cas. Il importe d'autant plus d'en rappeler les prescriptions à vos substituts que quelques-uns en négligent encore l'exécution, requièrent la réintégration des condamnés dans les établissements d'où ils les font extraire et imposent ainsi à l'administration pénitentiaire, qui doit payer les frais du retour en prison, des dépenses qu'elle aurait pu éviter, au moins en partie, si sa liberté d'action à cet égard lui avait été laissée.

Il est bien entendu que si le détenu appelé comme témoin est encore dans la période de la prévention ou de l'accusation, on observera les règles qui permettront au Trésor de recouvrer sur le condamné les frais du retour comme ceux de l'aller du détenu, attendu que celui-ci devra être reconduit dans l'établissement d'où il aura été extrait.

III

DES GENDARMES ALLANT EN TÉMOIGNAGE.

Les gendarmes cités comme témoins seront transportés par les chemins de fer, tant au retour qu'à l'aller, contre la remise d'une réquisition du magistrat compétent, visée pour exécution du transport, comme il a été dit au titre I, § 2. Une indemnité de séjour leur sera de plus allouée, s'il y a lieu, comme aux témoins ordinaires. Ces militaires prépareront un mémoire en trois exemplaires (1), ainsi qu'il a été dit plus haut, et, sur la présentation de ce mémoire revêtu du réquisitoire et de l'exécutoire des magistrats devant lesquels ils auront comparu, ils seront payés par le receveur de l'enregistrement du lieu de leur résidence.

Enfin, dans le cas où les gendarmes appelés en témoignage seraient obligés de faire usage d'une voiture publique, ils avanceront le prix du voyage, aller et retour, et en consigneront le montant sur leur mémoire (1).

Ces diverses modifications, que j'ai cru devoir introduire, au point de vue du payement, dans le service de la translation des prévenus ou accusés, des détenus, des escortes de gendarmes appelés en témoignage, ont pour but principal d'assurer le recouvrement de dépenses qui doivent être à la charge des condamnés. Les juges et

---

(1) La production du mémoire a été supprimée par la note ministérielle du 25 mars 1885.

greffiers pourront désormais comprendre dans l'état de liquidation des dépens à recouvrer des sommes qui, en général, n'y ont pas figuré jusqu'à présent, parce qu'elles n'étaient pas connues lors de la prononciation du jugement ou de l'arrêt de condamnation.

Avant l'établissement des chemins de fer, les dépenses minimes qu'entraînait le fonctionnement de la conduite à pied n'avaient pas éveillé l'intérêt de la Chancellerie en ce qui concerne leur recouvrement. Plus tard, quand l'augmentation sans cesse croissante des frais de translation constitua une charge énorme pour le Trésor, des instructions furent données à l'effet de recouvrer ces frais. Mais, comme les agents à qui l'exécution en fut confiée n'étaient pas soumis à un contrôle suffisant, elles ne tardèrent pas à tomber en désuétude, de telle sorte que les recouvrements n'étaient jamais que très imparfaitement effectués et que l'Etat est resté pendant très longtemps privé de ce chef de ressources importantes dont le chiffre peut être évalué à plus de 200,000 fr.

Je cite cette somme pour montrer combien il est utile d'apporter un prompt remède à une situation aussi regrettable. Les mesures que je viens de prescrire amèneront, je l'espère, les résultats les plus satisfaisants, mais à la condition toutefois que les magistrats et les greffiers les appliqueront avec une énergique persévérance. Les juges d'instruction, les officiers du ministère public, les juges, les présidents et leurs auxiliaires seront invités par vous, de la manière la plus pressante, à ne jamais perdre de vue le soin qui leur incombe de participer, chacun dans la sphère de ses attributions, au succès de l'amélioration poursuivie. J'ai eu trop souvent l'occasion de constater que cette question de recouvrement des frais de justice sur les condamnés était rangée par certains magistrats dans la catégorie des questions d'un ordre inférieur. Réservant leurs études à des parties du service qu'ils croient plus relevées parce qu'elles sont plus brillantes, ils ne lui prêtent pas toute l'attention qu'elle mérite. Je compte sur la légitime autorité que vous avez acquise dans votre ressort pour leur faire comprendre qu'elle est digne, au contraire, de toute leur sollicitude. Ce serait, en effet, une erreur de croire qu'elle est limitée au fait matériel de garantir le Trésor public contre un préjudice pécuniaire. Il existe, en outre, un intérêt moral à faire peser sur les condamnés toutes les responsabilités qu'ils ont encourues en violant la loi pénale. La justice ne recevrait-elle pas une atteinte si la société lésée, d'abord par le délit, obligée ensuite de faire une avance pour en poursuivre la répression, voyait les coupables dont la solvabilité est établie, bénéficier en quelque sorte d'une dépense occasionnée par leur faute, et se soustraire, par suite de l'inertie des pouvoirs publics, à l'exécution d'une partie de leur peine?

Mais j'ai tout lieu de penser que les magistrats placés sous vos ordres ne resteront pas sourds à vos exhortations et je vous prie de les inviter à assurer, en ce qui les concerne, l'exécution des prescriptions de cette circulaire.

Je compte également sur le concours des greffiers qui pourraient s'exposer à être rendus pécuniairement responsables des pertes dont leur négligence serait la cause.

Vous voudrez bien, Monsieur le Procureur général, m'accuser réception de la présente circulaire, dont je vous adresse des exemplaires en nombre suffisant pour être distribués à toux ceux qui, au siège de la cour ou dans les tribunaux de première instance, devront contribuer à son application.

Recevez, Monsieur le Procureur général, l'assurance de ma considération très distinguée.

Le Garde des Sceaux,
Ministre de la Justice et des Cultes,

Signé : MARTIN-FEUILLÉE.

Le Conseiller d'Etat,
Directeur des Affaires criminelles
et des Grâces,

Signé : ET. JACQUIN.

N° 430. *Note ministérielle portant abrogation des circulaires des 7 septembre et 11 décembre 1874 et d'une partie des dispositions de l'article 158 du décret du 12 juin 1867, sur le service des frais de route des militaires isolés.* (5° Direction, Services administratifs ; Bureau des Transports et de l'Indemnité de route.)

Paris, le 9 décembre 1884.

A la suite de l'accord intervenu entre la Chancellerie et le département de la guerre, le ministre a décidé qu'à partir du 1er janvier 1885, les militaires de la gendarmerie cesseront de recevoir l'indemnité de route lorsqu'ils se déplaceront dans les positions ci-après :

1° Rejoignant leur poste après avoir escorté hors du département de leur résidence, à la réquisition des magistrats de l'ordre judiciaire, des détenus civils (prévenus, accusés, condamnés allant en appel ou extraits des établissements où ils subissent leur peine pour être entendus à l'instruction, ou pour comparaître comme témoins devant un tribunal ou une cour) ;

2° Se rendant en qualité de témoins devant les tribunaux civils situés à plus d'un myriamètre de leur résidence et rejoignant ensuite leur poste.

Les militaires dont il s'agit auront droit en remplacement de l'indemnité de route, aux frais de voyage déterminés par la circulaire du 26 novembre 1884, frais qui seront acquittés directement par le receveur de l'enregistrement.

En raison de ces nouvelles dispositions, les circulaires des 7 septembre et 11 décembre 1874, relatives à l'allocation de l'indemnité de route aux gendarmes cités comme témoins devant les tribunaux civils, sont abrogées.

Il en est de même de celles des dispositions de l'article 138 du décret du 12 juin 1867, qui prescrivaient le remboursement par le ministère de la justice de l'indemnité de route qui était acquise pour le retour aux gendarmes d'escorte et qui était payée, à titre d'avance, sur les fonds du budget de la guerre.

Il n'y aura plus lieu, par suite, à partir du 1er janvier 1885, de délivrer des mandats d'indemnité de route aux militaires de la gendarmerie déplacés dans les positions ci-dessus visées, ni de fournir les états de remboursement, les bordereaux mensuels et les bordereaux trimestriels récapitulatifs qui comprenaient, d'une façon distincte, le pièces afférentes aux dépenses d'indemnité de route remboursables par le ministère de la justice (art. 134, 135, 136 et 140 du décret du 12 juin 1867).

Sont maintenues les autres dispositions du décret du 12 juin 1867, en vertu desquelles les militaires de la gendarmerie continueront, comme par le passé, à percevoir l'indemnité de route dans les positions ci-dessous :

1° Cités à comparaître comme témoins devant les tribunaux militaires.	L'indemnité de route est à la charge du ministère de la guerre (application du n° 26 des dispositions du tableau A annexé au décret du 12 juin 1867.)

2° Rejoignant leur poste après avoir escorté hors du département de leur résidence :

A. Des militaires ou des marins..................	A la charge du ministère (guerre ou marine) qui a requis l'escorte. (Art. 61 du décret du 12 juin 1867).
B. Des condamnés civils revenant de témoignage ; Des civils condamnés définitivement, allant subir leur peine ; Des condamnés civils libérés, dirigés sur les dépôts de mendicité ; Des condamnés civils libérés, rejoignant leurs foyers ou une résidence ; Des condamnés civils expulsés, dirigés à la frontière..................	A la charge du ministère de l'intérieur. (Art. 138 du décret du 12 juin 1867.)
C. Des civils extraits des dépôts de mendicité ; Des aliénés civils.....	A la charge des budgets départementaux. (Art. 138 du décret du 12 juin 1867 et note ministérielle du 6 décembre 1880, insérée au *Journal militaire officiel*, page 410, partie réglementaire.)

« *Note ministérielle relative au mode de décompte des indemnités acquises aux militaires de la gendarmerie appelés en témoignage devant les tribunaux civils.*

Paris, le 30 janvier 1885.

» Consulté au sujet du mode de décompte des indemnités acquises aux militaires de la gendarmerie appelés en témoignage devant les tribunaux civils, M. le Ministre de la justice et des cultes a adressé, le 21 janvier 1885, au Ministre de la guerre une dépêche contenant les instructions suivantes, complémentaires de la circulaire du 29 novembre 1884 (*Journal militaire*, partie réglementaire, page 872).

» La taxe de comparution fixée par l'art. 27 du décret du 18 juin 1811 est due à tout gendarme qui n'est pas domicilié à plus d'un myriamètre du lieu où il est entendu.

» Au delà de cette distance, les gendarmes seront taxés à raison de la distance qu'ils auront parcourue. Ils recevront alors pour indemnité de voyage, s'ils ne sortent pas de leur arrondissement, un franc par myriamètre parcouru en allant, et autant pour le retour ; s'ils sont appelés hors de leur arrondissement, l'allocation sera d'un franc cinquante centimes (1).

---

(1) Ainsi, un gendarme qui se rend en témoignage dans son arrondissement à 30 kilomètres par exemple, recevra pour l'aller et le retour, à raison de 1 fr. par myriamètre, 6 francs.

» Dans ces deux derniers cas, l'indemnité de voyage ne se cumule jamais avec la taxe de comparution (art. 2 du décret du 7 avril 1813).

» Si, dans le cours de leur voyage, les gendarmes sont arrêtés par force majeure, ils recevront une indemnité d'un franc cinquante centimes pour chaque jour de séjour forcé (art. 95 du décret de 1811 et 88 de l'instruction du 30 septembre 1826).

» Enfin, s'ils sont obligés de prolonger leur séjour dans la ville où se fera l'instruction de la procédure et qui ne sera point celle de leur résidence, il leur sera alloué, pour chaque jour de séjour, une indemnité de trois francs à Paris, de deux francs dans les villes de 40,000 habitants et au-dessus, de un franc cinquante centimes dans les autres villes et communes (art. 96 du décret de 1811).

» Toutes les fois que le gendarme entendu pourra être taxé le jour même indiqué dans la

---

S'il sort de son arrondissement, il recevra pour le même parcours six indemnités à 1 fr. 50, soit 9 fr.

L'indemnité de 1 fr. ou de 1 fr. 50 se décompte par myriamètre et demi-myriamètre, du chef-lieu de canton au chef-lieu de la commune où se fait l'opération, au moyen du tableau des distances ou de la carte des étapes de France, sur les routes de terre les plus directes.

10, 11 et 12 kilomètres sont comptés pour un myriamètre ;

13, 14, 15, 16 et 17 kilomètres sont comptés pour un myriamètre et demi ;

18, 19 et 20 kilomètres, sont comptés pour deux myriamètres.

citation, à quelque heure que ce soit, il n'aura droit à aucune indemnité de séjour à moins que la taxe ne lui ait été délivrée que très tard, circonstance qui devra être énoncée dans la taxe même.

» Telles sont les indemnités qui devront seules figurer sur les mémoires des militaires de la gendarmerie (1) et qui sont destinées à pourvoir à toutes leurs dépenses, qu'ils voyagent en chemin de fer, à pied, à cheval ou en diligence.

» Il en résulte que si un bon de chemin de fer leur est délivré, la valeur de ce bon devra être déduite, sur les mémoires, du montant des allocations réglementaires ci-dessus indiquées.

» Le chiffre de la déduction sera égal à quatre fois la valeur du bon de chemin de fer, lorsque le parcours aura lieu sur les lignes où les militaires de la gendarmerie ont droit au quart du tarif; il sera le double de la valeur du bon si le parcours a lieu sur des lignes où le bénéfice du demi-tarif est seul accordé; enfin, le chiffre de la déduction représentera la valeur exacte du bon lorsque les gendarmes effectueront leur voyage sur des lignes où ils n'ont droit à aucune réduction de prix. »

---

(1) La production de ces mémoires a été supprimée par la note ministérielle du 25 mars 1885.

Circulaire du Ministre de la justice au sujet des frais de justice acquis à payer aux militaires appelés en témoignage devant les tribunaux civils.

Paris, le 11 février 1885.

Monsieur le procureur général, le paragraphe III de ma circulaire du 29 novembre 1884 pose en principe que les gendarmes appelés en témoignage recevront les mêmes allocations que les témoins ordinaires.

Les conséquences de ce principe n'ont pas été déduites par tous les parquets d'une manière uniforme; des différences d'interprétation se sont produites et quelques difficultés de détail se sont présentées dans la pratique.

Il convient donc de substituer au paragraphe dont il s'agit des instructions plus explicites.

Le décret du 18 juin 1811 alloue aux témoins ordinaires, suivant les cas, ou une taxe de comparution, ou une taxe de voyage, à laquelle vient s'ajouter quelquefois une indemnité de séjour, enfin, et plus rarement, une indemnité de séjour forcé, lorsqu'ils ont été retenus par force majeure en route, au cours du voyage entrepris pour répondre à l'appel de la justice.

Ces règles doivent être appliquées aux gendarmes témoins, en tenant compte toutefois des diminutions de tarifs dont ils jouissent comme militaires sur la plupart des lignes de chemins de fer et de la faculté dont l'autorité dispose de requérir des compagnies leur transport gratuit, sauf règlement ultérieur avec la chancellerie.

Pour se rendre compte de l'application de ces règles, il suffit de reprendre une à une chacune des positions dans lesquelles peuvent se trouver les gendarmes allant en témoignage.

I. *Les gendarmes sont domiciliés à un myriamètre ou à moins d'un myriamètre du lieu où ils sont entendus.*

Dans ce cas, ils n'ont droit à aucune indemnité de voyage. Il ne peut leur être alloué que la taxe fixée par l'art. 27 du règlement de 1811.

Cette taxe est de :

A Paris........................	2 fr.	00
Dans les villes de 40,000 habitants et au-dessus.................	1	50
Dans les autres villes et communes	1	00

II. *Les gendarmes sont domiciliés à plus d'un myriamètre du lieu où ils sont entendus et voyagent en chemin de fer.*

Sur le vu de la citation, le magistrat compétent du lieu de la résidence (procureur de la République au chef-lieu d'arrondissement; juge de paix ou commissaire de police au chef-lieu de canton; maire au chef-lieu de la commune) délivrera une réquisition de transport comportant le retour comme l'aller. Les gendarmes n'auront, en conséquence, aucun débours à effectuer pour leur locomotion. Lorsqu'ils requerront taxe, le magistrat calculera, au moyen du tableau des distances ou de la carte des étapes de France, le nombre des kilomètres parcourus à l'aller, additionnés de ceux à parcourir pour le retour, *non pas sur la voie ferrée, mais sur les routes de terre les plus directes,* et accordera :

Si les gendarmes ne sont pas sortis de leur arrondissement : *un franc* par myriamètre ;

S'ils ont été appelés hors de leur arrondissement : *un franc cinquante centimes* par myriamètre. (Art. 2 du décret du 7 avril 1813.)

Le magistrat n'oubliera point que, d'après l'art. 93 du décret de 1811, les distances se comptent du chef-lieu de canton, de l'arrondissement ou du département, au chef-lieu de la commune où se fait l'opération, et que, dès lors, il ne sera dû aucune indemnité aux gendarmes qui ne sortiront pas de la commune où ils résident (1).

L'indemnité de voyage établie, il y aura lieu de tenir compte des circonstances exceptionnelles dans lesquelles le transport s'est effectué. Les gendarmes ayant été transportés sur réquisition et par conséquent sans avoir eu à payer leur place, il est de toute justice de déduire du total obtenu par le calcul des myriamètres parcourus le prix de la place entière en chemin de fer, et non pas seulement la valeur du coupon

---

(1) Cette dernière disposition laisserait supposer que la taxe de comparution n'est pas due lorsque les gendarmes sont entendus dans le lieu de leur résidence, mais ce serait là une interprétation contraire à l'esprit du décret du 7 avril 1813 (art. 2), et aux circulaires des 7 septembre et 11 décembre 1874, bien que virtuellement abrogées par la note ministérielle du 9 décembre 1884.

qui leur aura été remis par le chef de gare, à moins, ce qui est très rare, qu'ils voyagent sur des lignes qui ne leur accordent aucune réduction. Généralement, leur transport est effectué au quart de place ou au demi-tarif. Dans ce cas, se borner à déduire des fixations établies par les décrets de 1811 et de 1813, la valeur du coupon serait faire bénéficier le gendarme, au détriment de l'Etat, des trois quarts ou de la moitié de la place. Le magistrat déduira donc le prix de la place entière. Il fera très facilement ce calcul en multipliant la valeur du coupon, à l'aller et au retour, par quatre; si la réduction au quart de place a été acquise aux gendarmes, ou en la multipliant par deux, si ses militaires n'ont eu droit qu'au demi-tarif.

Dans l'état de liquidation des dépens, on devra comprendre tout le prix porté sur le coupon que la somme à laquelle le gendarme a été définitivement taxé; il convient de remarquer, en effet, que si le transport a été gratuit pour le gendarme. il n'en est pas ainsi pour la Chancellerie, puisqu'il a été effectué pour son compte et qu'elle doit en rembourser le montant aux compagnies de chemins de fer.

Ces deux sommes représentent la dépense totale avancée par l'Etat, et devront être recouvrées sur les condamnés.

Trois exemples permettront de saisir facilement le mécanisme du calcul à faire :

1° Transport dans l'arrondissement à douze kilomètres de distance, tant sur la voie de terre que sur la voie de fer, soit, aller et retour : 24

kilomètres parcourus ou 2 myriamètres et demi.............................. 2^{f} 50^{c}

Le coupon portant 0 fr. 408 (quart de place), on obtient en multipliant ce chiffre par 4, la somme à déduire, soit. 1^{f} 63^{c}

Reste....... 0^{f} 87^{c}

à taxer au gendarme, tandis que le greffier comprendra dans les dépens cette somme, plus le prix effectif du coupon.............................. 0^{f} 40^{c}

Soit........ 1^{f} 27^{c}

2° Transport dans l'arrondissement à 20 kilomètres de distance, par la voie de terre, soit, aller et retour, 40 kilomètres ou 4 myriamètres.......... 4^{f} 00^{c}

Si la distance en chemin de fer est de 22 kilomètres, la valeur du coupon sera de 0 fr. 748 pour 44 kilomètres, aller et retour.

Cette valeur multipliée par 4 donnera un chiffre de 2 fr. 984, soit à déduire.............................. 2^{f} 98^{c}

Il restera........................ 1^{f} 02^{c}

à taxer au gendarme, tandis que cette somme augmentée du prix du coupon. 0^{f} 74^{c}

fournira celle de................. 1^{f} 76^{c}

avancée par l'Etat et à comprendre par conséquent dans la liquidation des dépenses.

3° Transport, hors de l'arrondissement, à 86 kilomètres de distance, par la voie de terre, soit à 172 kilomètres, aller et retour, ou 17 myriamètres... 25f 50c

La valeur du coupon étant de 3 fr. 026, à raison de 178 kilomètres en chemin de fer, aller et retour, sa multiplication par 4 donne 12 fr. 104, soit à déduire.......................... 12f 10c

Différence... 13f 40c

à taxer au gendarme qui, augmentée de la valeur du coupon............. 3f 02c

donne la somme de................. 16f 42c

à comprendre dans l'état des frais à recouvrer sur le condamné au profit du Trésor.

Ce calcul sera encore plus simple quand les gendarmes voyageront au demi-tarif. Enfin, la taxe du gendarme devra s'augmenter, quand il y aura lieu, de l'indemnité de séjour qui va faire l'objet du paragraphe suivant et dernier.

III. *Les gendarmes appelés en témoignage sont obligés de prolonger leur séjour dans le lieu où ils sont appelés.*

Il leur sera alloué, pour chaque jour de séjour, une indemnité fixée ainsi qu'il suit par l'art. 96 du décret du 18 juin 1811 :

A Paris..........................	3 fr. 00
Dans les villes de 40,000 habitants et au-dessus..................	2 00
Dans les autres villes et communes.	1 50

Je n'ai pas besoin de m'arrêter à l'indemnité de séjour forcé, que l'art. 95 du décret de 1811 et l'art. 58 de l'ordonnance du 30 septembre 1826 ont fixée, pour les gendarmes, 1 fr 50 pour chaque jour. Il y a si rarement lieu de l'accorder aujourd'hui par suite de la facilité et de la sûreté des communications, qu'elle constitue une taxe tout à fait exceptionnelle.

Enfin, si les gendarmes ont été obligés de faire usage d'une voiture publique ou diligence, ils avanceront le prix du voyage aller et retour, et en consigneront le montant sur la citation. (*Tarif militaire*, 0 fr. 135) (1).

---

(1) Les militaires de la gendarmerie appelés en témoignage devant les tribunaux civils et qui sont obligés de faire usage d'une voiture publique ou diligence, ont droit à une indemnité de 0 fr. 135 par kilomètre.

Cette indemnité est absolument exclusive de l'indemnité myriamétrique allouée par le décret de 1811.

Dans le cas où ce tarif serait inférieur au prix de la voiture, l'intéressé inscrit sur la citation le prix réel de la voiture, sous sa responsabilité et sauf le remboursement qui lui sera prescrit, s'il l'exagère.

Dans le cas où le parcours comprendrait un voyage par voies ferrées et un voyage en diligence, le gendarme reçoit, pour la portion du trajet opéré sur voies ferrées, l'allocation fixée par le décret de 1811, déduction faite du prix de sa place, calculé comme l'indique le dernier alinéa de la note ministérielle du 30 janvier 1885, plus l'indemnité kilométrique de 0 fr. 135 pour chacun des kilomètres parcourus en diligence. (Note ministérielle du 14 octobre 1885.)

Pour le cas des gendarmes allant en témoi-

Je pense, monsieur le procureur général, que ce supplément d'instruction répond à toutes les questions qui auraient pu se produire au sujet des indemnités auxquelles ont droit les gendarmes appelés en témoignage.

Je vous en envoie un nombre d'exemplaires assez grand pour que vous puissiez en faire parvenir un à chacun de vos substituts, et je vous prie de vouloir bien m'en accuser réception.

Note ministérielle relative au mode de décompte des indemnités acquises aux militaires de la gendarmerie appelés en témoignage devant les tribunaux.

Paris, le 25 mars 1885.

A la suite de nouvelles instructions données par M. le Garde des sceaux, Ministre de la justice et des cultes, et par modification aux dispositions contenues dans la note ministérielle du 30 janvier 1885, les gendarmes cités en témoi-

---

gnage par voie de mer, voir les circulaires des 24 janvier et 16 février 1885.

Enfin, les officiers de gendarmerie cités comme témoins devant un tribunal civil sont traités d'après les règles tracées par le décret du 12 juin 1867.

gnage devant les tribunaux seront payés, à l'avenir, des allocations auxquelles ils ont droit, non plus sur la présentation de mémoires revêtus du réquisitoire et de l'exécutoire des magistrats devant lesquels ils auront comparu, mais sur simple taxe du juge mise au bas de la citation.

TABLEAU récapitulatif des différentes indemnités auxquelles donne droit le déplacement des gendarmes appelés en témoignagne.

1° *Indemnité de voyage :*

1 franc par myriamètre, lorsque les gendarmes ne sortent pas de leur arrondissement;

1 fr. 50 par myriamètre, lorsque les gendarmes sortent de leur arrondissement.

La distance se décompte du chef-lieu de canton de la résidence au chef-lieu de la commune où se fait l'opération.

2° *Indemnité de séjour forcé en route :*

1 fr. par journée de séjour.

3° *Indemnité de séjour dans la ville où se fait l'instruction :*

3 francs dans Paris;

2 francs dans les villes de 40,000 habitants et au-dessus;

1 fr. 50 dans les autres villes et communes.

4° *Taxe de comparution :*

2 francs à Paris;

1 fr. 50 dans les villes de 40,000 habitants et au-dessus;

1 franc dans les autres villes.

Paris et Limoges. — Impr. H. Charles-Lavauzelle.

CATALOGUE

DE LA LIBRAIRIE MILITAIRE

Henri CHARLES-LAVAUZELLE

ÉDITEUR DU BULLETIN OFFICIEL DU MINISTÈRE DE LA GUERRE

CHARGÉ DE LA VENTE DES PRODUITS DU DÉPÔT DE LA GUERRE.

TABLE DES MATIÈRES

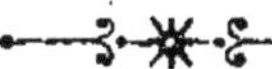

PARIS — 11, Place St-André-des-Arts

LIMOGES — 46, Nouvelle route d'Aixe

HENRI CHARLES-LAVAUZELLE

Editeur militaire

L'ARMÉE BELGE, composition, recrutement, mobilisation, écoles militaires, institut cartographique, armement, manufacture d'armes de Liège, régime intérieur, alimentation, uniformes, système défensif (2e édition). — Vol. de 96 pages.

L'ARMÉE ANGLAISE, son histoire, son organisation actuelle, par A. Garçon (2e édition). — Vol. de 144 pages.

L'ARMÉE ITALIENNE, son organisation actuelle, sa mobilisation. — Vol. de 128 pages.

L'ARMÉE OTTOMANE CONTEMPORAINE, par Ch. Lebrun-Renaud. — Vol. de 96 pages.

L'ARMÉE DES PAYS-BAS, notices militaires et géographiques (publication de la Réunion des officiers). — 2 vol.

L'ARMÉE SUÉDOISE, par le capitaine R. R***. — Vol. de 62 pages.

L'ARMÉE PORTUGAISE, par A. Garçon. — Vol de 108 pages.

LA MARINE ANGLAISE, histoire, composition, organisation actuelle, par A. Garçon. — Vol. de 96 pages.

ÉTUDE MILITAIRE SUR L'EGYPTE, campagne des Anglais en 1882 (2e édition). — Vol. de 32 pages sur fort papier velin.

LE SOUDAN, GORDON ET LE MAHDI, par le commandant Heumann, O ✠. — Vol. de 96 p., avec 2 cartes et 4 plans.

PRÉCIS DE LA GUERRE DU PACIFIQUE (entre le Chili d'une part, le Pérou et la Bolivie de l'autre). — Vol. de 72 pages, suivi d'une carte planimétrique de la côte du Pacifique et d'un plan des principales batailles (2e édition).

L'ÉDUCATION ET LA DISCIPLINE MILITAIRES CHEZ LES ANCIENS, par Marcel Poullin. — Vol. de 144 page

ETUDE SUR LE TIR DES ARMES PORTATIVES EN FRANCE ET A L'ÉTRANGER. — Méthode d'instruction. — Pratique du tir. — Tir de guerre. — Vol. de 88 pages, orné de 43 gravures (3e édition).

RÔLE, ORGANISATION, ATTAQUE ET DÉFENSE DES PLACES FORTES. — Vol. de 112 pages, avec figures dans les texte.

LES TRAVAUX DE CAMPAGNE, guide théorique et pratique du pionnier d'infanterie, d'après les cours professés à l'Ecole des travaux de campagne et les ouvrages les plus autorisés publiés à l'étranger. — Vol. de 140 pages, orné de 63 gravures (2e édition).

Cours de topographie, à l'usage des officiers et sous-officiers; ouvrage rédigé conformément aux programmes officiels du 30 septembre 1874, par A. Laplaiche, ancien professeur de l'Université — 2 vol. (5e édition).
Le 1er de 120 pages, orné de 140 figures;
Le 2e de 128 pages, orné de 66 figures.

Les Cartouches et le caisson d'infanterie, suivi d'une instruction pour le ravitaillement des munitions sur le champ de bataille, avec figures dans le texte. — Vol. de 100 pages.

Les Outils du pionnier d'infanterie, d'après l'instruction ministérielle du 8 août 1880, complétée et rectifiée à l'aide des documents officiels les plus récents sur le port, le chargement, l'entretien et l'emploi des outils. — 25 figures intercalées dans le texte. — Vol. de 84 pages.

Méthode d'enseignement pour l'instruction du soldat et de la compagnie, conforme aux prescriptions des règlements des 23, 26 octobre, 28 décembre 1883 et 29 juillet 1884. — Vol. de 128 pages avec plans et croquis, par J. Bailly, capitaine au 90e de ligne.

Droits et devoirs du soldat, d'après les lois, décrets et règlements les plus récents, par A. de la Villatte, lieutenant-colonel du 5e régiment d'infanterie, O ✠. Ouvrage adopté par le ministère de l'instruction publique pour les bibliothèques scolaires et populaires. — Vol. de 96 pages.

Recueil complet avec notes et commentaires des lois, décrets, circulaires, décisions et instructions ministérielles en vigueur, établissant les droits des sous-officiers en matière de rengagement et mariage, retraite et admission aux emplois civils (4e édition). — 2 vol. : le 1er de 64 pages est en vente; le 2e est en préparation.

Conseils aux jeunes sous-lieutenants a leur sortie de l'École. — Vol. de 64 pages.

Notions sur la viande fraiche destinée a la troupe :
Tome I. — *Généralités sur l'alimentation; achat de la viande sur pied; connaissances professionnelles.* — Vol. de 92 pages, orné de nombreuses gravures.

Tome II. — *Marchés; abattoirs; boucheries; distributions, espèces de viande; transport et entretien du bétail.* — Vol. de 96 pages, orné de nombreuses grav.

Tome III. — *Ordinaire; réglementation; achat de la viande fraîche; cahier des charges.*

CODE-MANUEL DES RÉQUISITIONS MILITAIRES, textes officiels annotés et mis à jour par de L..., licencié en droit, et l'intendant militaire A. T... — 3 vol. :

Tome Ier. — *Exposé des principes.* — *Textes de la loi du 3 juillet* 1877 *et du règlement du* 2 *août* 1877, avec notes et commentaires. — Vol. de 112 pages.

Tome II. — *Recensement et réquisition des chevaux et voitures.* — Vol. de 96 pages.

Tome III. — *Guide pratique des diverses autorités et commissions pour l'application de la loi du* 3 *juillet* 1877. — Formules et modèles. — Vol. de 96 pages.

L'ALIMENTATION DU SOLDAT EN CAMPAGNE. La ration de guerre et la préparation rapide des repas en campagne, par Charles Schindler, médecin-major de 1re classe. — Vol. de 80 pages.

CONDITIONS CIVILE ET POLITIQUE DES MILITAIRES (Recueil complet des lois, décrets, ordonnances, instructions, décisions et dispositions diverses actuellement en vigueur et relatives aux). — 2 vol. de 128 pages.

MANUEL PRATIQUE DE COMPTABILITÉ, à l'usage des sous-officiers comptables de compagnie. — Vol. in-32 de 80 pages.

CHANTS MILITAIRES, CHANSONS DE ROUTE ET REFRAINS DU BIVOUAC, par le capitaine du Fresnel, du 62e de ligne. — Vol. de 56 pages.

SONNERIES ET MARCHES du règlement du 29 juillet 1884 sur l'exercice et les manœuvres de l'infanterie, avec paroles du capitaine du Fresnel. — Vol. de 96 pages.

Historique des corps de troupe de toutes armes.

(Se reporter à la page 65 où figurent tous les historiques en vente à la maison).

M. Henri Charles-Lavauzelle se met à la disposition de MM. les chefs de corps pour la publication de l'historique de leur régiment dans la série de la *Petite Bibliothèque de l'Armée française* ou dans tout autre format.

Il est fait des conditions extrêmement avantageuses pour l'impression de ces ouvrages destinés à une propagande patriotique.

LA COLLECTION COMPRENDRA 300 VOLUMES

MODE DE SOUSCRIPTION. — Chaque volume de la *Petite Bibliothèque de l'Armée française* ne coûtant, *broché*, que 0 fr. 30 (0,35 *franco* par la poste), ou 0 fr. 60 *relié* toile, il importe au plus haut point d'éviter des frais supplémentaires de correspondance. Il y a donc grand avantage à souscrire à la fois pour plusieurs volumes et à employer le système des commandes collectives.

MM. les Officiers désireux de venir en aide à notre Comité d'études et de rédaction sont priés de nous faire connaître le sujet qu'ils sont décidés à traiter, aussitôt que leur choix sera définitivement arrêté.

Les manuscrits, écrits lisiblement et au RECTO SEULEMENT, *devront être adressés à l'Editeur comme papiers d'affaires recommandés.*

Législation et Jurisprudence

DÉCRET DU 21 DÉCEMBRE 1886, portant réorganisation du service dans les ÉTATS-MAJORS. — Br. in-f° tellière de 36 pages, avec marge pour annotations, *franco*... 1 »

Le même décret sur format in-8°, *franco*...... » 50

DÉCRET DU 18 FÉVRIER 1889 portant réorganisation de l'administration centrale de la guerre.............. » 25

LOI DU 19 MAI 1834, SUR L'ÉTAT DES OFFICIERS. — Br. in-32 de 16 pages ×.......................... » 20

LOI DU 18 MARS 1889 relative au rengagement des sous-officiers. — Brochure in-8° de 26 pages, *franco*... » 30

DÉCRET DU 27 DÉCEMBRE 1886, portant création d'un corps spécial d'INTERPRÈTES DE RÉSERVE. — Br. in-8° de 12 pages, *franco* .... » 25

PROJET DE LOI ORGANIQUE MILITAIRE, présenté au nom de M. Jules Grévy, président de la République française, par M. le général Boulanger, Ministre de la guerre. — Br. in-8° de 200 pages avec de nombreux tableaux dans le texte = ... 2 »

NOUVELLE LOI SUR LE RECRUTEMENT DE L'ARMÉE. (Sera mise en vente aussitôt sa promulgation.)

NOTIONS DE DROIT INTERNATIONAL destinées à MM. les officiers de l'armée active, de la réserve et de l'armée territoriale, et suivies d'un memento à l'usage des sous-officiers, caporaux et soldats. — Br. in-32 de 128 p. =.. 1 25

NOUVEAUX CODES FRANÇAIS ET LOIS USUELLES CIVILES ET MILITAIRES. Recueil spécialement destiné à la gendarmerie et à l'armée. — Relié toile anglaise...... 5 »

CODE-MANUEL DE JUSTICE MILITAIRE POUR L'ARMÉE DE TERRE, suivi d'une instruction pour la tenue de l'audience par le président, d'un extrait des Codes d'instruction criminelle et pénal ; d'un recueil des lois, décrets et circulaires ministérielles, des divers modèles d'actes et procès-verbaux judiciaires. — Fort vol. de 384 pages, relié .... 2 »

LA POLICE JUDICIAIRE MILITAIRE EN TEMPS DE PAIX ET EN TEMPS DE GUERRE, par Emile Loyer, chef d'escadron de gendarmerie. — Vol. in-32 de 224 pages.......... 1 50

GUIDE DES RAPPORTEURS PRÈS LES CONSEILS DE GUERRE PERMANENTS EN TEMPS DE PAIX, par Aug. Cusin et Déchenne. — Fort vol. in-8° de 180 pages.................. 4 »

LOI DU 3 MAI 1844 SUR LA POLICE DE LA CHASSE, modifiée par la loi du 22 janvier 1874, annotée et commentée par M. Bertrand, procureur de la République .... » 30

LOI SUR LA PÊCHE FLUVIALE, annotée et commentée par M. Bertrand, procureur de la République.......... » 30

LOI SUR LA POLICE DU ROULAGE ET DES MESSAGERIES PUBLIQUES, commentée et annotée par M. Bertrand, procureur de la République..........................

EXTRAIT DU DÉCRET DU 10 AOUT 1852 SUR LA POLICE DU

LAGE (notice destinée à être placardée à l'intérieur des voitures publiques)........................... » 05

DÉCRET DU 3 NOVEMBRE 1855 SUR LA POLICE DU ROULAGE ET DES MESSAGERIES PUBLIQUES EN ALGÉRIE, annotés et commentés.. » 40

DU DROIT DES FONCTIONNAIRES PUBLICS DE REQUÉRIR LA GENDARMERIE ET LA TROUPE. — Vol. in-32, broché.... » 10

INSTRUCTION SUR LA POLICE DES CAFÉS, CABARETS, AUBERGES ET AUTRES LIEUX PUBLICS avec la jurisprudence de la Cour de cassation sur tous les cas particuliers. — Br. in-32 de 48 pages.............................. » 35

INSTRUCTION SUR LA POLICE DES CHIENS. Application des règlements de police dans les campagnes, dans les villes, à Paris et dans les communes du ressort de la préfecture de police............................... » 25

LOI DU 23 JANVIER 1873 SUR L'IVRESSE PUBLIQUE, annotée et commentée.. » 25

LOI TENDANT A RÉPRIMER L'IVRESSE PUBLIQUE ET A COMBATTRE LES PROGRÈS DE L'ALCOOLISME, promulguée le 3 février 1873, en feuille.............................. » 15

LOI DU 18 AVRIL 1886 SUR L'ESPIONNAGE, en placard.... » 15

LOI SUR LA POLICE SANITAIRE DES ANIMAUX, promulguée le 22 juin 1882.. » 20

LOIS, DÉCRETS, CIRCULAIRES réglementant la fabrication, l'emploi et le transport de la dynamite et du cotonpoudre. — Vol. in-8o de 84 pages...................... 1 »

MANUEL SUR LES PENSIONS DE RETRAITE DES OFFICIERS, SOUS-OFFICIERS, BRIGADIERS, CAPORAUX, SOLDATS OU GENDARMES, ET SUR LES PENSIONS DES VEUVES ET SECOURS AUX ORPHELINS, avec tarifs, annotations et explications — Br. in-8o de 52 pages, avec nombreux tableaux (4e édition)... 1 »

CODE-MANUEL DES RÉQUISITIONS MILITAIRES. Textes officiels annotés et mis à jour par de L..., licencié en droit, et l'intendant militaire A. T... — 3 vol.

Tome Ier. — *Exposé de principes; texte de la loi du 3 juillet 1877 et du règl. du 2 août 1877*, avec notes et commentaires. — Vol. in-32 de 112 pag., broché. » 35

Relié toile .... » 60

Tome II. — *Recensement et réquisition des chevaux et voitures.* — Vol. in-32 de 96 pages, broché.... » 35
Relié toile.................................. » 60

Tome III. — *Guide pratique des diverses autorités et commissions pour l'application de la loi du 3 juillet 1877. Formules et modèles.* — Vol. in-32 de 96 pages, broché.................................. » 35
Relié toile.................................. » 60

INSTRUCTION DU 23 FÉVRIER 1889 pour le règlement des dommages causés aux propriétés privées par les manœuvres ou exercices exécutés annuellement par les corps de troupe. — Vol. de 32 pages..................

Administration, Comptabilité.

LOI SUR L'ADMINISTRATION DE L'ARMÉE, promulguée le 16 mars 1882. — Br. in-32 ×.................. » 15

DÉCRET DU 10 NOVEMBRE 1887 modifiant les règlements en vigueur sur l'ADMINISTRATION et la COMPTABILITÉ des corps de troupe. — Vol. in-8o de 154 pages, *franco*. » 90

RÈGLEMENT DU 14 JANVIER 1889 sur l'administration et la comptabilité des corps de troupe. — Volume in-8o de 432 pages.................................. 1 65
Le même rélié toile anglaise.................. 2 65

DÉCRET DU 10 JUIN 1889 SUR LA COMPTABILITÉ DES CORPS DE TROUPE EN CAMPAGNE, avec rapport au Ministre, instruction et modèles. — Vol. in-8o de 56 p., *franco*. » 55

RÈGLEMENT DU 8 JUIN 1883, sur le service de la SOLDE et sur les REVUES, avec les appendices parus jusqu'à ce jour. — Volume in-8o de 216 pages....... 1 » *franco* 1 30

REVISION DES TARIFS DE SOLDE POUR TOUTES LES ARMES (Guerre), officiers et troupe. — Br. in-8o de 48 p. » 50

UNIFICATION DES SOLDES DE LA MARINE, tarifs définitifs, tarifs transitoires. — Br. in-8o de 16 pages. *franco* » 50

DÉCRET DU 1er DÉCEMBRE 1888, portant règl. sur la concession des congés et permissions. — Br. in-8o..... » 20

DÉCRET DU 26 FÉVRIER 1889, portant règlement sur les concessions des congés et permissions dans les troupes de la marine (*Bulletin officiel*, no 29)........ *franco* » 20

INSTRUCTION DU 27 NOVEMBRE 1887 sur la création, le but et le fonctionnement de la masse des écoles. — Br. in-8o de 24 pages, net et *franco*.................. » 30

INSTRUCTION MINISTÉRIELLE DU 2 DÉCEMBRE 1886, réglant le fonctionnement de la MASSE DE PETIT ÉQUIPEMENT. — Br. in-8o de 16 pages, *franco*.................. » 25

RECUEIL DES DOCUMENTS OFFICIELS visés par l'instruction du 2 décembre 1886, réglant le fonctionnement de la MASSE DE PETIT EQUIPEMENT. — Br. in-8o........ » 25

DÉCRET DU 12 JUIN 1867 portant règlement sur le service des frais de route des militaires isolés (mis à jour jusqu'au 1er juillet 1888). — Vol. in-8o de 188 pages....... » 90

BARÊME POUR L'APPLICATION DU DÉCRET DU 19 JUIN 1888 SUR LE SERVICE DES FRAIS DE ROUTE. — Volume in-4o de 134 pages.................................. 5 »

TABLEAU SYNOPTIQUE, imprimé en trois couleurs, portant décompte de l'indemnité kilométrique de 1 à 1,200 kilomètres, pour MM. les officiers, les adjudants et les hommes de troupe.................................. 1 »

LIVRET DES GITES D'ÉTAPE, publié par ordre du Ministre de la Guerre et arrêté à la date du 17 novembre 1888. — Volume in-8o de 604 pages, *franco*................ 4 50

MODIFICATION AU LIVRET DES GITES D'ÉTAPE (17 novembre 1888). — Vol. in-8o de 360 pages, *franco*......... 2 65

RÈGLEMENT DU 9 SEPTEMBRE 1888 sur la comptabilité des matières appartenant au département de la Guerre et Instructions du 23 décembre 1888 pour l'application de ce règlement (complet).............................. 3 85

Le même sur format tellière avec grandes marges.. 6 »

RÈGLEMENT SPÉCIAL au serv. des poudres et salpêtres. 2 25

— — au service du génie............ 2 65

NOMENCLATURE DU MATÉRIEL DE L'HABILLEMENT ET DU CAMPEMENT, DU 27 AVRIL 1888. — Vol. in-8o de 284 pag. 1 »

franco 1 30

INSTRUCTION MINISTÉRIELLE DU 22 NOVEMBRE 1887, relative à la formation et au renouvellement dans les magasins administratifs des approvisionnements de toute nature du service de l'HABILLEMENT et du CAMPEMENT. — Br. in-8° de 76 pages. . . . . *franco* » 40

INSTRUCTION DU 15 JANVIER 1888 sur la manière de manutentionner et d'entretenir LES EFFETS dans les magasins administratifs. — Br. in-8°. . . . . *franco* » 15

RÈGLEMENT ET INSTRUCTION DU 16 NOVEMBRE 1887 SUR LE SERVICE DE L'HABILLEMENT DANS LES CORPS DE TROUPE, modifié par décret du 18 mars 1889; modèles, tableaux et tarifs. — Br. in-8° de 184 pages. . . . . . . *franco* 1 »

Le même relié toile 1 75

TARIFS DU 7 JUILLET 1881 indiquant les prix à allouer en temps de paix et en temps de guerre pour les réparations à effectuer aux effets d'habillement, de coiffure et de petit équipement. — Brochure in-8° de 52 pages = 1 »

DÉCISION MINISTÉRIELLE DU 24 OCTOBRE 1887, portant adoption et description de la TENUE DE VILLE DES SOUS-OFFICIERS RENGAGÉS ET COMMISSIONNÉS. — Br. in-8° de 64 pages. . . . . *franco* » 60

INSTRUCTION DU 30 JANVIER 1889 SUR L'HABILLEMENT DES ÉCOLES DES SOUS-OFFICIERS ET ÉLÈVES OFFIC., *franco*. . . » 25

RÈGLEMENT SUR LE SERVICE DE L'ARMEMENT, approuvé le 30 août 1884. — Br. de 204 pages = ... 2 50

TARIF PROVISOIRE DES PRIX DES RÉPARATIONS, approuvé le 6 septembre 1887 (armes modèle 1874 et modèle 1866-74, fusil modèle 1884, fusil modèle 1885 et modèle 1874-1885, fusil modèle 1886, revolver modèle 1873, armes blanches. — Br. de 112 pages, *franco*. . . . . » 70

RÈGLEMENT SUR LE SERVICE ET L'ENTRETIEN DU HARNACHEMENT DE L'ARTILLERIE ET DES ÉQUIPAGES MILITAIRES, dans les corps de troupe et dans les établissements (11 juin 1883) (extrait à l'usage des corps de troupe). . . . . . » 40

RÈGLEMENT PROVISOIRE DU 20 JUIN 1888 SUR L'ENTRETIEN DU CASERNEMENT PAR LES CORPS OCCUPANTS. — Br. in-8°, *franco* (n° 33 *B.O.*). . . . . » 15

INSTRUCTION DU 31 MARS 1887, pour l'exécution du service

des LITS MILITAIRES, à partir du 1er avril 1887. — Br. in-8o de 20 pages, *franco*.......................... » 20

INSTRUCTION DU 12 AVRIL 1888 POUR LES CONDITIONS D'ADMISSION DES ENFANTS DE TROUPE. — Br. in-8o de 64 pages.. » 60

DÉCRET DU 18 FÉVRIER 1889 portant règlement sur le service des fourrages dans les corps de troupe. — Brochure in-8o de 104 pages.................................. » 95

CAHIER DES CHARGES DU 7 SEPTEMBRE 1888 pour la fourniture des fourrag. à la rat. — Br. in-8o de 64 p., *franco*. » 60

RÈGLEMENT DU 27 NOVEMBRE 1887 ET INSTRUCTION DU 27 MAI 1888 SUR LE SERVICE DU CHAUFFAGE DANS LES CORPS DE TROUPE. — Br. in-8o de 96 pages.......*franco* » 50

DÉCRET DU 27 NOVEMBRE 1887, portant règlement sur le service du CHAUFFAGE dans les corps de troupe... » 20

RÈGLEMENT DU 23 OCTOBRE 1887 SUR LA GESTION DES ORDINAIRES. — Br. in-8o.............................. » 50

CAHIER DES CHARGES pour la fourniture de la viande fraîche et marché.. » 10

CAHIER DES CHARGES pour la fourniture et la fabrication du pain de troupe à la ration à l'intérieur........... » 50

INSTRUCTION DU 30 AOUT 1885, sur le fonctionnement du service de l'ALIMENTATION EN TEMPS DE GUERRE. — Br. in-32 de 78 pages =.............................. » 50

INSTRUCTION MINISTÉRIELLE DU 12 AVRIL 1889, relative à la désignation, aux attributions et au fonctionnement des officiers d'approvisionnement. — Br. in-8o de 96 pages .... » 80 *franco* » 95

VADE-MECUM DE L'OFFICIER D'APPROVISIONNEMENT. — Nouvelle édit., revue, corrigée et augm.

Contenant, avec l'instruction du 12 avril 1889, les modèles et les notices qui y font suite : 1° La circulaire du 14 mars 1883 sur le groupement et l'administration des isolés; — 2° La circulaire du 13 août 1879 portant création d'un nouveau tarif d'indemnité journalière ; — 3° Des renseignements utiles sur les premiers soins à donner aux chevaux, en l'absence du vétérinaire ; — 4° Plusieurs tarifs suivis d'instructions pratiques sur leur application ; — 5° Une notice spéciale sur l'organisation et le fonctionnement des services administratifs pendant les grandes manœuvres ; — 6° Une notice sur le service d'alimentation en campagne ;

— 7° Des renseignements sur la qualité des denrées alimentaires et les moyens de reconnaître si elles sont de bonne qualité ; — 8° Un résumé, aussi complet que possible, des principes mathématiques pour le mesurage, le pesage et le jaugeage des denrées de toute nature.

Vol. de 410 pages, rich. relié en toile angl. gaufrée = ... 5 »

CODE-MANUEL DES RÉQUISITIONS MILITAIRES. Textes officiels annotés et mis à jour par de L..., licencié en droit, et l'intendant militaire A. T... — 3 vol. :

Tome 1er. — *Exposé des principes; texte de la loi du 3 juillet* 1877 *et du règlement du 2 août* 1877, avec notes et commentaires. — Br. in-32 de 112 pages........ » 35
Richement relié toile........................ » 60

Tome II. — *Recensement et réquisition des chevaux et voitures.* — Br. in-32 de 96 pages.............. » 35
Richement relié toile........................ » 60

Tome III. — *Guide pratique des diverses autorités et commissions pour l'application de la loi du 3 juillet* 1877. Formules et modèles. — Br. in-32 de 96 pages... » 35
Richement relié toile........................ » 60

INSTRUCTION DU 23 FÉVRIER 1889 pour le règlement des dommages causés aux propriétés privées par les manœuvres ou exercices exécutés par les corps de troupe. — Vol. in-32.. » 35

TABLE GÉNÉRALE DES DISPOSITIONS EN VIGUEUR insérées dans le *Journal militaire officiel* et le *Bulletin officiel du Ministère de la Guerre*, du 10 juillet 1791 au 1er janvier 1889. — Volume in-8° de 350 pages, 2 40, *franco*.. 2 80

LOIS, DÉCRETS, CIRCULAIRES réglementant la fabrication, l'emploi et le transport de la dynamite et du coton-poudre ; textes officiels annotés et coordonnés à l'usage de la gendarmerie nationale, par le commandant Dumas-Guilin. — Vol. in-8° de 84 pages.................. 1 »

RECUEIL ADMINISTRATIF à l'usage des corps de troupe de toutes armes ou CODE MANUEL CHARBONNEAU. — Prix, *franco*.. 15 50

(Cet ouvrage, en préparation, paraîtra prochainement. Le paiement peut n'être effectué qu'après réception de l'ouvrage).

MANUEL DU SERVICE DES HÔPITAUX, à l'usage des officiers d'administration et des candidats à ce grade, par S. Poulard, professeur à l'Ecole d'administration de Vincennes, licencié en droit. — Vol. in-8o de 306 pages. 6 »

INSTRUCTION DU 9 JUIN, POUR L'EXÉCUTION DE LA LOI DU 22 JANVIER 1851, portant création de la statistique médicale de l'armée. — Br. de 96 pages .... *franco* » 70

INSTRUCTION DU 27 AOUT 1886 sur les dem. de secours. » 50

CLASSIFICATION DES BLESSURES ET INFIRMITÉS OUVRANT DES DROITS A LA PENSION DE RETRAITE (23 juillet 1887). — Br. in-8o de 20 pages, *franco*.................... » 35

TRAITÉ DES PENSIONS CIVILES ET MILITAIRES, par M. Adrien Bavelier, ancien avocat à la cour de cassation.

Tome I. — *Pensions civiles.*

Tome II. — *Pensions militaires des armées de terre et de mer.*

Les 2 vol. in-8o.................................. 12 »

MANUEL SUR LES PENSIONS DE RETRAITE des officiers, sous-officiers, brigadiers, caporaux, soldats ou gendarmes, et sur les pensions des veuves et secours aux orphelins, avec tarifs. — Br. in-8o de 58 pages, avec nombreux tableaux (4e édition) =........................ 1 »

MANUEL PRATIQUE DE COMPTABILITÉ, à l'usage des sous-officiers comptables de compagnie. — Vol. in-32 de 80 p » 35

Richement relié toile.......................... » 60

VADE-MECUM ADMINISTRATIF de MM. les capitaines commandants et des sous-officiers comptables, par un officier d'administration. — Vol. in-8o de 272 pages...... 2 »

VADE-MECUM ADMINISTRATIF DES SOUS-OFFICIERS COMPTABLES (Extrait du Vade-mecum de MM. les capitaines commandants). — Vol. in-8o de 132 pages........ 1 »

EXTRAITS DES RÈGLEMENTS ET INSTRUCTIONS SUR L'ADMINISTRATION, LES APPELS ET LA MOBILISATION DES RÉSERVISTES ET DISPONIBLES, à l'usage des troupes d'infanterie. — Vol. in-8o de 240 pages.................. 2 50

AIDE-MÉMOIRE DES FONCTIONNAIRES DE L'INTENDANCE EN

CAMPAGNE. — Vol. in-8o de 396 pages, relié toile anglaise .... 6 »

LA MOBILISATION, mesures préparatoires en temps de paix, recrutement et réquisitions militaires. Devoirs des municipalités en temps de guerre d'après les lois et règlements en vigueur, par Edm. Pascal. — Vol. grand in-8o de 400 pages, avec formules et tableaux .... 10 »

ARMÉE FRANÇAISE. — QUESTIONS ADMINISTRATIVES, par M. Truchot, officier en retraite. — Vol. in-8o...... 3 »

FRANCE ET ADMINISTRATION MILITAIRE, par le même. — Vol. in-8o .... 3 »

Règlements, Théories et Manuels

a) TOUTES ARMES

DÉCRET DU 23 OCTOBRE 1883 portant règlement sur le SERVICE DANS LES PLACES DE GUERRE ET LES VILLES DE GARNISON, (15e édition). — Vol. in-32 cartonné de 280 pages.................................. ✕ 1 »

ORGANISATION DU COMMANDEMENT DES PLACES FORTES. — Br. in-8o de 24 pages *franco*...................... » 30

DÉCRET DU 26 OCTOBRE 1883 portant règlement sur le SERVICE DES ARMÉES EN CAMPAGNE (15e édition). — Vol. in-32 cart. de 288 pages................................ ✕ 1 »

INSTRUCTION SUR LE REMPLACEMENT DES MUNITIONS EN CAMPAGNE. — Br. in-32 ✕........................ » 30

INSTRUCTION DU 16 JUIN 1885 POUR LA CORRESPONDANCE PAR SIGNAUX DANS LES CORPS DE TROUPE. — Br. in-32 de 64 pages ✕..................................... » 60

EXTRAIT DE L'INSTRUCTION POUR LA CORRESPONDANCE PAR SIGNAUX ✕.. » 05

CARNET DE DÉPÊCHES SPÉCIAL contenant, sous une couverture parcheminée, un bloc de dépêches numérotées de 1 à 48 ✕.. » 75

RÈGLEMENT GÉNÉRAL POUR LES TRANSPORTS MILITAIRES PAR

CHEMINS DE FER (2e partie). — Vol. in-8o de 490 pages, *franco*.............................. 2 50

INSTRUCTION POUR L'EMBARQUEMENT ET LE DÉBARQUEMENT DES TRAINS MILITAIRES. — Vol. in-32, avec 2 planches ×.. » 30

LES TRANSPORTS PARTICULIERS DE LA GUERRE (extrait de l'instruction ministérielle du 25 mars 1886), contenant tout ce qui intéresse MM. les officiers et assimilés, les sous-officiers mariés, les chefs ouvriers et les gendarmes. — Br. in-32 ×.......................... » 30

DISPOSITIONS RELATIVES A L'EXÉCUTION DES MANŒUVRES D'AUTOMNE EN 1889, *franco*.......................... » 50

DISPOSITIONS RELATIVES AUX CANTONNEMENTS ET AUX MARCHES DANS LES ALPES, pendant l'année 1889. — Br. in-8o de 28 pages, *franco*.......................... » 30

INSTRUCTION MINISTÉRIELLE DU 15 JUILLET 1888 sur le service courant. — In-8o de 214 pages............ *franco* 1 30

INSTRUCTION DU 9 AVRIL 1889 sur les inspections générales. —Dispositions communes à toutes les armes, *franco* » 35

INSTRUCTION SUR LES CONDITIONS D'ADMISSION DANS LA GENDARMERIE DES OFFICIERS ET DES SOUS-OFFICIERS DE L'ARMÉE, et programme des examens à subir..... » 25

RECUEIL COMPLET, avec notes et commentaires, des LOIS, DÉCRETS, CIRCULAIRES, DÉCISIONS et INSTRUCTIONS MINISTÉRIELLES EN VIGUEUR, établissant les droits des SOUS-OFFICIERS en matière de rengagement et mariage, retraite et admission aux emplois civils. — 2 vol, in-32, brochés.................................... » 70
Richement reliés toile.......................... 1 20

Le 1er volume seulement est en vente ; le 2e est en préparation.

LIVRETS POUR TOUTES ARMES

LIVRET MATRICULE D'OFFICIER ×.......................... » 15

LIVRET MATRICULE DE L'HOMME DE TROUPE ×........... » 15

LIVRET MATRICULE DES CHEVAUX D'OFFICIERS, DE TROUPE ET MULETS DE BAT ×.................................. » 15

LIVRET D'INFIRMERIE POUR CHEVAUX D'OFFICIERS, DE

TROUPE ET MULETS DE BAT ×.................... » 20
LIVRET INDIVIDUEL DE L'HOMME DE TROUPE ×..... » 30
LIVRET DE LA MASSE DE PRISON DES DÉTENUS ×..... » 30
(Pour les Livrets d'infanterie, cavalerie et artillerie, voir aux chapitres spéciaux.)

b) INFANTERIE DE LIGNE ET DE MARINE

DÉCRET DU 28 DÉCEMBRE 1883, portant règlement sur le SERVICE INTÉRIEUR DES TROUPES D'INFANTERIE, mis à jour — Vol. in-32, cartonné, de 432 p., avec nombreux tableaux (16e édit.) ×........................ 1 50

EXTRAIT DU DÉCRET DU 28 DÉCEMBRE 1883, portant règlement sur le SERVICE INTÉRIEUR DRS TROUPES D'INFANTERIE, à l'usage des sous-officiers et caporaux. — Vol. in-32, cartonné, de 197 pages × (édition de 1889) . » 60

EXTRAIT, PAR DEMANDES ET PAR RÉPONSES, DU DÉCRET DU 23 OCTOBRE 1883, portant règlement sur le SERVICE DANS LES PLACES DE GUERRE ET LES VILLES DE GARNISON, à l'usage des sous-officiers et caporaux d'infanterie. — Vol. in-32, cartonné, de 104 pages ×............ » 40

INSTRUCTION SUR LE SERVICE DE L'INFANTERIE EN CAMPAGNE, approuvée le 9 mai 1885. — Vol. in-32 de 212 pages, 14 grav., cart. ×................................ » 75

EXTRAIT, PAR DEMANDES ET PAR RÉPONSES, DU DÉCRET DU 26 OCTOBRE 1883, portant règlement sur le SERVICE DES ARMÉES EN CAMPAGNE, et de l'INSTRUCTION DU 9 MAI 1885 SUR CE MÊME SERVICE, à l'usage des sous-officiers et caporaux d'infanterie. — Vol. in-32 de 232 p. ×.. » 75

Règlement du 29 *juillet* 1884 *sur l'exercice et les manœuvres de l'infanterie*, modifié par décision ministérielle du 3 janvier 1889.

Titre I : *Bases de l'instruction.* — Titre II : *Ecole du soldat*, avec planches. — Vol. in-32, cartonné, de 24 pages ×.. » 75
Relié toile anglaise ×............................ 10

Titre III : *Ecole de compagnie.* — Vol. in-32, cartonné, de 138 pages, avec planches ×........... » 60
Relié toile ×.. » 80

Titre IV : *Ecole de bataillon.* — Vol. in-32, cartonné, de 92 pages X........................... » 60
Relié toile.. » 80
Titre V : *Ecole de régiment.* Application aux unités plus fortes. Instruction pour les revues et les défilés. — Vol. in-32 de 56 pages, avec cartes, cartonné X.. » 75
Relié toile X...................................... 1 »
Batteries et sonneries. — Vol. in-32, cartonné, de 76 pages X.................................... » 60

RÈGLEMENT DU 1er MARS 1888 SUR L'INSTRUCTION DU TIR. — Vol. in-32 de 132 pages, cartonné X (4e édition, modifiée par décr. minist. du 8 décembre 1888)...... » 60
franco 0 75
Le même, relié toile.................. » 85 *franco* 1 »

INSTRUCTION SUR L'ARMEMENT, les MUNITIONS, les CHAMPS DE TIR et le MATÉRIEL D'INFANTERIE. — Vol. in-32 de 160 pages, cartonné X (4e édition)...... » 60, *franco* » 75
Le même, relié toile X .... » 85, *franco* 1 »

EXTRAIT DE L'INSTRUCTION MINISTÉRIELLE DU 30 AOUT 1884, sur l'entretien des ARMES ET DES MUNITIONS. — Fusil d'infanterie modèle 1874 ou 1866-74 avec épée-baïonnette, revolver et armes blanches, munitions. — Br. in-32 de 64 pages =.................................... » 30

TIR INDIRECT, tables de tir (pentes, hausses, défilement) accompagnées des renseignements nécessaires pour le calcul des éléments du tir indirect et, en particulier, du tir plongeant X................................ » 15
Les mêmes, collées sur toile et découpées en rectangles X .... » 50

LES CARTOUCHES ET LE CAISSON D'INFANTERIE, avec figures dans le texte. — Volume in-32 de 100 pages, broché. » 35
Richement relié toile............................ » 60

LES MUNITIONS DE L'INFANTERIE : Russie, Autriche, Angleterre, Italie. (Extrait de la *France militaire.*) — Vol. in-32 X.. » 25

INSTRUCTION SPÉCIALE POUR LE TRANSPORT DES TROUPES PAR LES VOIES FERRÉES. — Extrait du règlement général pour les transports militaires (décret du 1er juillet 1874, modifié par décision du 20 juillet 1888.)

Troupes à pied (édition de 1889), cartonné ✕... 1 »
Relié ✕.......... 1 25

INSTRUCTION THÉORIQUE ET PRATIQUE DES CADRES, DES CONTINGENTS ET DES RÉSERVISTES. — Programmes et documents officiels. — Marche de l'instruction. — Vol. in-32 de 120 pages ✕.......... » 75

INSTRUCTION DU 19 NOVEMBRE 1884 sur l'organisation et le fonctionnement des PELOTONS D'INSTRUCTION dans les corps de troupe d'infanterie, suivie de la marche annuelle de l'instruction dans les mêmes corps. — Br. in-32 de 48 pages ✕.......... » 40

INSTRUCTION PRATIQUE DES CADRES DU 17 OCTOBRE 1885, suivie de l'EXTRAIT DE L'INSTRUCTION DU 9 MAI 1885. — Vol. cartonné de 16 pages ✕.......... » 15

INTRUCTION SUR LES MANŒUVRES DE BRIGADES AVEC CADRES POUR L'INFANTERIE, du 26 février 1877. — Vol. in-32 cartonné ✕.......... » 25

INSTRUCTION DU 31 JANVIER 1884 POUR LES EXERCICES DE CADRES DE LA BRIGADE D'INFANTERIE. — Br. in-32, 16 pages ✕.......... » 25

RÈGLEMENT DU 1er AVRIL 1887 SUR L'ORGANISATION ET LE FONCTIONNEMENT DU SERVICE DES SIGNALEURS DANS LES CORPS DE TROUPE D'INFANTERIE ✕.......... » 05

INSTRUCTION DU 3 JANVIER 1883, relative aux attributions des ADJUDANTS DE BATAILLON ET DE COMPAGNIE. — Br. in-32 ✕.......... » 25

DÉCISION MINISTÉRIELLE modifiant la TENUE DES OFFICIERS ET ADJUDANTS D'INFANTERIE. — Vol. in-32 de 16 pages » 25

MODIFICATIONS A LA DÉCISION MINISTÉRIELLE DU 20 AOUT 1886, sur le KÉPI DE 1re TENUE de l'infanterie et des sections diverses. — Br. in-8o de 16 pages.......... » 25

RÈGLEMENT DU 23 FÉVRIER 1883, sur le fonctionnement de la MASSE D'ENTRETIEN DU HARNACHEMENT ET FERRAGE dans les corps de troupe d'infanterie. — Br. de 8 pages ✕.......... » 20

EXTRAITS DES RÈGLEMENTS ET INSTRUCTIONS SUR L'ADMINISTRATION, LES APPELS ET LA MOBILISATION DES RÉSERVISTES ET DISPONIBLES, à l'usage des troupes d'infanterie. — Vol. in-8o de 240 pages.......... 2 50

Le même volume pour les demandes collectives...... 2 »

INSTRUCTION DU 3 MAI 1889 pour l'inspection générale des corps d'infanterie...................... *franco* » 30

INSTRUCTION DU 22 JUIN 1886 POUR L'ADMISSION DES SOUS-OFFICIERS A L'ECOLE MILITAIRE D'INFANTERIE, complétée par le programme du 31 juillet 1879 et le décret du 11 octobre 1886. — Br. in-32 ×.................. » 50

ARRÊTÉ MINISTÉRIEL DU 25 FÉVRIER 1889, relatif à l'admission des sous-officiers d'infanterie de marine à l'Ecole militaire d'infanterie............................ » 50

SOLUTIONS RAISONNÉES DES QUESTIONS DE GÉOMÉTRIE PROPOSÉES DANS LE COURS DES ÉCOLES RÉGIMENTAIRES, à l'usage des sous-officiers candidats à l'école militaire de Saint-Maixent. — Vol. in-18 de 156 pages........ 3 »

AIDE-MÉMOIRE DE L'OFFICIER D'INFANTERIE EN CAMPAGNE — Vol. de 294 pages, avec planches, relié toile (2e édition).. 5 »

MEMENTO PRATIQUE DU SERVICE DE L'OFFICIER D'INFANTERIE EN CAMPAGNE. — Vol. in-18 de 104 pag., relié toile. 2 50

MANUEL D'INFANTERIE AVEC QUESTIONNAIRE à l'usage des pelotons d'instruction et des engagés conditionnels, conforme aux programmes en vigueur. — Volume in-32 de 482 pages, relié toile............................ 1 50

Comprenant : 1° La théorie du canonnier ; 2° Lecture du livret ; 3° Obligations des réservistes ; 4° Travaux de campagne ; 5° Lecture des cartes 6° Place des sous-officiers dans les revues et défilés ; 7° Cours de comptabilité ; 8° Législation.

GUIDE DE L'ÉLÈVE CAPORAL, conforme à la dernière instruction ministérielle du 19 novembre 1884, sur l'organisation et le fonctionnement d'un peloton d'instruction dans l'infanterie. — Vol. in-18, cartonné, de 584 p. 1 50

LES OUTILS DU PIONNIER D'INFANTERIE, d'après l'instruction ministérielle du 8 août 1880, complétée et rectifiée à l'aide des documents officiels les plus récents. — 25 figures intercalées dans le texte. — Vol. in-32 de 84 pages, broché.. » 35

Richement relié toile.............................. » 60

NOTIONS ÉLÉMENTAIRES DE FORTIFICATION PASSAGÈRE, à l'usage des volont. d'un an (service de l'infant.) × » 25

QUESTIONNAIRE COMPLET DES CONNAISSANCES NÉCESSAIRES AUX ÉLÈVES CAPORAUX DES PELOTONS D'INSTRUCTION, à l'usage des officiers, sous-officiers et caporaux instructeurs, des élèves caporaux et des engagés conditionnels, conforme au programme annexé à l'instruction du 19 novembre 1884 et aux dernières décisions ministérielles. — Vol. in-32, cartonné, de 176 pages (4e édition) ... 1 »

GUIDE DE L'INSTRUCTEUR, à l'usage des officiers, sous-officiers et caporaux d'infanterie, par L. REYNÈS, lieutenant au 85e d'infanterie.

PREMIÈRE PARTIE : Instruction théorique. — Service intérieur. — Tir. — Service des places. — Théories diverses. — DEUXIÈME PARTIE : Instruction pratique. — TROISIÈME PARTIE : Service en campagne.

Vol. in-32 de 180 pages, avec 4 planches en chromolithographie, reliure toile ... 1 50

MÉTHODE D'ENSEIGNEMENT POUR L'INSTRUCTION DU SOLDAT ET DE LA COMPAGNIE, conforme aux prescriptions des règlements des 23, 26 octobre, 28 décembre 1883 et 29 juillet 1884, par J. Bailly, capitaine au 90e de ligne. — Vol. de 128 pages, avec plans et croquis ... » 35

Relié toile ... » 60

INSTRUCTION DE LA COMPAGNIE DANS LE SERVICE EN CAMPAGNE, par le capitaine baron Ernest Wirbach, traduit de l'allemand par le lieutenant D. Jung, attaché au ministère de la Guerre. — Vol. in-8o de 276 pages ... 4 »

CONSEILS PRATIQUES SUR LE PERFECTIONNEMENT DE L'INFANTERIE DANS LE SERVICE DE CAMPAGNE, pour officiers et sous-officiers, traduit de l'allemand par le major Waver, de l'armée belge. — Br. de 54 pages ... 1 50

GUIDE PRATIQUE DU SOLDAT EN CAMPAGNE :

Connaissance du terrain. — Orientation. — Indices. — Mot d'ordre. — Cantonnements et bivouacs. — Service de marche et instruction de l'homme en éclaireur. — Service de sûreté. — Marche des patrouilles. — Instruction des patrouilleurs. — Hygiène du soldat. — Premiers soins à donner aux blessés.

Vol. in-32, de 90 pages, cartonné (2e édition) ... » 60

INSTRUCTION PRATIQUE DU SOLDAT ET DE LA COMPAGNIE

D'INFANTERIE, avec progressions et programmes détaillés, ordre serré, ordre dispersé, service en campagne, par C. Le Grand. capitaine adjudant-major au 71e de ligne. Vol. in-32 de 118 pages, cartonné = ... » 60

INSTRUCTION THÉORIQUE DU SOLDAT, ou théories dans les chambres par demandes et réponses, par le même.

Service intérieur. — Historique du régiment — Conseils moraux. — Récompenses. — Service des places. — Services de garnison. — Service de guerre. — Postes et sentinelles. — Patrouilles et rondes. — Police militaire dans les places. — Troupes en route. — Honneurs militaires. — Service en campagne. — Cantonnements, bivouacs. — Reconnaissances. — Partisans, sauvegardes, etc. — Transports militaires en chemin de fer — Instruction des tireurs. — Code pénal. — Droit international. — Convention de Genève.

Vol. in-32 de 220 pages, cartonné = ... » 75

MANUEL résumant les différentes théories à faire au soldat sur le service intérieur, l'entretien des effets de toute nature, le paquetage, la mobilisation d'une compagnie, le code de justice militaire, les lois sur l'ivresse, etc., par E. DUBOIS, capitaine au 143e de ligne. — Volume in-32 de 102 pages = ... » 60

LES THÉORIES DANS LES CHAMBRES, par le commandant Heumann, O ✠.

PREMIER VOLUME : *Education militaire du soldat.* — Chapitre Ier ; La guerre. Nécessité des armées permanentes. — II. Comment l'on devient soldat. Devoirs des réservistes. Organisation de l'armée. — III. Le drapeau. La Croix de la Légion d'honneur. — IV. L'armée et la patrie. Patriotisme. Honneur. — V. Des ruses de guerre. — VI. Notions d'hygiène. — *Appendice :* Convention de Genève. Traitement des prisonniers. Quelques renseignements sur les armées étrangères. *Questionnaire.* (4e éd.).

In-32 de 160 pages, relié toile = ... 0 75

DEUXIÈME VOLUME : *Instruction militaire* (en conformité avec les nouveaux règlements). Chapitre Ier. Service intérieur. — II. Service des places. — III. Service en campagne. — IV. Embarquement en chemin de fer. — V. Mobilisation. — VI. Renseignements pour les troupes en campagne. — VII. Droit international en campagne. — VIII. Outils. Travaux de fortifications (avec planches). — IX. Tir. — X. Progression des théories à faire. — XI. *Questionnaire* (3e édition).

Vol. in-32 de 302 pages, relié toile = ... 1 25

ÉCOLE DES TAMBOURS, CLAIRONS, MUSICIENS ET SAPEURS. — Br. in-32 de 48 pages ×.......................... » 60

SONNERIES ET MARCHES DU RÈGLEMENT DU 29 JUILLET 188 , sur l'exercice et les manœuvres de l'infanterie, avec paroles du capitaine du Fresnel. — Vol. de 96 pages.
 Broché.. » 35
 Relié.. » 60

LA TACTIQUE DE LA COMPAGNIE ET DU BATAILLON A L'ÉTRANGER ET EN FRANCE d'après les règlements de manœuvres. — Vol. in-8° de 118 pages.................. 2 »

LA TACTIQUE DE L'INFANTERIE FRANÇAISE EN 1887. (Extrait de la *Revue d'Infanterie*). — Br. in-8° de 32 pages. » 60

RÈGLEMENT DU 1er SEPTEMBRE 1888 SUR LES MANŒUVRES DE L'INFANTERIE (ALLEMAGNE). — Vol. in-32 de 160 pages, relié toile anglaise...................................... 2 »

RÈGLEMENT DU 12 FÉVRIER 1888 sur le tir de l'infanterie allemande. — Vol. in-32 de 190 pages avec figures et une planche, relié toile.............................. 2 50

Abonnement d'un an à la REVUE D'INFANTERIE, publication périodique, 96 pages in-8°.
 France.. 20 »
 Colonies et étranger........................... 25 »

LIVRETS

(Riche reliure en toile gaufrée avec barrette *déposée*.) — (Le nombre de feuillets peut être augmenté ou diminué.)

LIVRET DE L'OFFICIER DE PELOTON (28 décembre 1883), contenant 150 feuillets imprimés ×.................. 3 »

LIVRET D'ADJUDANT, contenant 170 feuillets ×......... 3 »

LIVRET D'ADJUDANT contenant 350 feuillets (peut en contenir 500) ×.. 5 »

LIVRET DU SERGENT DE SECTION, contenant 92 feuill. × 2 50

Feuillets mobiles séparés (indiquer l'espèce), le cent. × 1 25

Couvertures ×.. » 50

Barrettes en cuivre ×................................. » 50

LIVRET DE CAPORAL D'ESCOUADE, cartonné, contenant 36 pages ×.. » 40

CONTROLE PAR RANG DE TAILLE, intérieur peau d'âne ×. » 60

(Les livrets pour l'infanterie de marine et le génie sont aux mêmes prix.)

c) GÉNIE

(Outre les règlements et théories communs à l'infanterie.)

INSTRUCTION DU 15 MAI, relative à l'application aux TROUPES DU GÉNIE du décret du 28 décembre 1883, sur le SERVICE INTÉRIEUR. — Br. in-32 de 32 pages...... » 30

RÈGLEMENT SUR L'ORGANISATION DES TROUPES DU GÉNIE AFFECTÉES AU SERVICE DES CHEMINS DE FER. — Br. in-8° de 16 pages ×.. » 30

RÈGLEMENT DU 15 MAI 1888 SUR L'INSTRUCTION DU RÉGIMENT DE SAPEURS DE CHEMINS DE FER. — Vol. in-8° de 120 pages....................................*franco* » 70

RÈGLEMENT DU 21 AOUT 1887, sur l'organisation et l'administration des SECTIONS TECHNIQUES D'OUVRIERS DES CHEMINS DE FER EN CAMPAGNE. — Br. in-8°... » 50

DÉCRET DU 4 NOVEMBRE 1886, portant réorganisation et programmepour L'ECOLE D'ARTILLERIE ET DU GÉNIE × » 50

RÈGLEMENT DU 9 SEPTEMBRE 1888 sur la comptabilité des matières appartenant au département de la Guerre et Instruction du 23 décembre 1888 pour l'application de ce règlement (complet)................................ 3 85

Le même sur format tellière avec grandes marges. 6 »

RÈGLEMENT SPÉCIAL au service du génie.............. 2 65

RÈGLEMENT PROVISOIRE DU 1er DÉCEMBRE 1887 sur les travaux de constructions militaires. — Vol. in-8° de 140 pag. Prix *franco*.. 1 40

CAHIER DES CLAUSES ET CONDITIONS GÉNÉRALES imposées aux entrepreneurs des travaux militaires. Vol. in-8° de 42 pages, *franco*.................................. » 40

INSTRUCTION DU 9 MAI 1889 pour l'inspection générale du génie.. *franco* » 45

CODE DES SIGNAUX SUR LES CHEMINS DE FER FRANÇAIS,

adopté par arrêté ministériel du 15 novembre 1885, avec figures. — Br. in-32 ×........................ » 50

DE L'APPLICATION AU SERVICE EN CAMPAGNE D'UNE NACELLE RÉGIMENTAIRE. — Br. in-32, gravures dans le texte. » 50

AIDE-MÉMOIRE DE L'OFFICIER DU GÉNIE EN CAMPAGNE (édition de 1886). — Vol. in-8° de 368 pages, relié toile (2e édition) =................................ 5 »

ETAT DU CORPS DU GÉNIE POUR 1889. — Vol. de 260 pages :

Pour les officiers en activité : broché........... 1 50
— — relié............. 2 »
Pour les autres acquéreurs : broché........... 3 »
— — relié............ 4 »

LIVRETS

(Voir *Infanterie.*)

d) CAVALERIE

DÉCRET DU 28 DÉCEMBRE 1883, portant règlement sur le SERVICE INTÉRIEUR DES TROUPES DE CAVALERIE (6e édition). — Vol. in-32 cartonné de 400 pages ×..... 1 50

INSTRUCTION PRATIQUE SUR LE SERVICE DE LA CAVALERIE EN CAMPAGNE, approuvée par le Ministre de la guerre, le 10 juillet 1884. — Vol. in-32 cartonné, de 296 pages, (5e édition modifiée) ×.............................. 1 »

MODIFICATION A L'INSTRUCTION DU 10 JUILLET 1884, SUR LE SERVICE DE LA CAVALERIE EN CAMPAGNE. — Fascicule in-32 de 16 pages ×.......................... » 25

DÉCRET DU 31 MAI 1882, portant règlement sur les EXERCICES DE LA CAVALERIE, revisant et complétant le décret du 17 juillet 1876. — 2 vol. in-32, avec figures dans le texte :

Rapports. Titres I et II, 368 pages; cartonné × 1 50
Titres III et IV, 290 pages; cartonné ×....... 1 50

INSTRUCTION POUR LE MANIEMENT DE LA LANCE, approuvée par le Ministre de la guerre le 6 avril 1889. Brochure in-32 de 12 pages.. » 25

Règlement sur l'instruction du tir des troupes de cavalerie, approuvé par le Ministre de la guerre, l 17 août 1884. — Vol. in-32 cartonné de 246 pages, avec nombreux dessins (6e édition) ×................ 1 »

Extrait de l'instruction ministérielle du 30 aout 1884, sur l'entretien des armes et des munitions. — Carabine de cavalerie sans baïonnette, revolver et armes blanches, munitions. — Br. in-32 de 64 p. ×. » 30

Instruction sur les manœuvres de brigade avec cadres, pour la cavalerie, du 24 juin 1877. — Vol. in-32 broché ×................................ » 25

Instruction sur le service de la cavalerie éclairant une armée, approuvée par le Ministre de la guerre, le 27 juin 1876. — Vol. in-32 broché ×............. » 20

Arrêté ministériel du 5 avril 1886, portant instruction pour l'établissement des propositions pour le grade de sous-lieutenant dans l'arme de la cavalerie (18 février 1889). — Vol. de 24 pages ×..................... » 50

Règlement sur le service des écoles dans la cavalerie (Instr. du 17 janvier 1883). — Br. de 32 p. ×. 50

Décision ministérielle du 18 décembre 1883, portant description d'une nouvelle tenue des officiers et adjudants de cavalerie. — Br. in-32 de 20 p. ×. » 25

Instruction sommaire sur la conduite des voitures en guides dans la cavalerie, approuvée par le Ministre de la guerre, le 26 mars 1887. — Br. in-32 de 44 pages ×.. » 25

Nomenclature et description détaillée de la selle de cavalerie (modèle 1874). — Br. in-8o de 24 pages. » 30

Instruction sur les inspections générales en 1889, spéciale à l'arme de la cavalerie. — Br. in-8o.......... » 50

Notes sur l'instruction des recrues dans la cavalerie. — Vol. in-32 de 182 pages, cartonné......... 1 25

Première partie : Instruction à pied. — Gymnastique. — Escrime. — Natation. — Maniement d'armes. — Tir. — Tirailleurs. — Théories diverses. — Deuxième partie : Instruction à cheval. — Equitation. — Voltige. — Emploi du sabre — Emploi du revolver. — Eclaireurs. — Vedettes, etc.

LA CAVALERIE ET SES CHEVAUX, par G***. — Br. in-18 jésus .... 1 »

L'ENTRAINEMENT, Etude sur la cavalerie, par G***. (Extrait de la *France militaire*, 2e édition) — Br. in-18... » 50

LE DRESSAGE DES CHEVAUX, par G*** (2e éd.).— Br. in-18 » 50

L'ARMÉE FRANÇAISE EN 1884 ET LE GÉNÉRAL DE GALLIFFET, par un officier hollandais. — Br. in-8o........... 1 »

LA CAVALERIE DE SECONDE LIGNE EN FRANCE ET A L'ÉTRANGER, appels et périodes d'instruction, par Romuald Brunet. — Vol. de 96 pages........................ » 35

Richement relié toile........................ » 60

PASSAGE DES COURS D'EAU A LA NAGE PAR LA CAVALERIE. — Vol. de 64 pages, avec carte et figures........ » 35

Relié toile.. » 60

LA CAVALERIE FRANÇAISE EN 1884, par Ubiez. — Riche vol. in-18 de 296 pages, édition de luxe................ 3 »

LA CAVALERIE DES ANCIENS ET LA CAVALERIE D'AUJOURD'HUI. — Vol in-18 de 116 pages........................ 2 50

A TRAVERS LA CAVALERIE. Organisation, mobilisation, instruction, administration, remontes, tactique. — Vol. grand in-8o, imprimé sur papier japon........... 6 »

ORGANISATION ET ROLE DE LA CAVALERIE FRANÇAISE PENDANT LES GUERRES DE 1800 A 1815. — Vol. in-8o de 104 pages.. 2 50

LIVRETS

(Riche reliure en toile gaufrée avec barrette *déposée*.)

LIVRET DE L'OFFICIER DE PELOTON (28 décembre 1883), contenant 150 feuillets imprimés ×................ 2 75

LIVRET D'ADJUDANT ×.................................... 2 75

LIVRET DU SOUS-OFFICIER DE PELOTON, contenant 155 feuillets ×.. 2 70

(Le nombre des feuillets peut être augmenté ou diminué.)

Feuillets mobiles séparés (indiquer l'espèce) ; le cent ×. 1 25

Couvertures...................................... × » 50

Barrettes en cuivre.............................. × » 50

e) ARTILLERIE

Décret du 28 décembre 1883, portant règlement sur le service intérieur des troupes de l'artillerie et du train des équipages militaires. — Vol. in-32 cartonné de 420 pages ✕ 1 50

Modifications au service intérieur. — Fascicule de 68 pages, imprimées d'un côté seulement ✕ 0 25

Extraits des décrets des 23 octobre et 28 décembre 1883, portant règlement sur le service dans les places de guerre et les villes de garnison, et sur le service intérieur des troupes de l'artillerie et du train des équipages militaires. — Vol. in-32 cartonné de 288 pages ✕ .... 1 »

Instruction provisoire sur le service de l'artillerie en campagne, approuvée par le Ministre de la guerre le 10 avril 1876. — Br. in-32 ✕ .... » 30

Règlement sur l'organisation des pelotons d'instruction dans les corps de troupe de l'artillerie approuvé par le Ministre de la Guerre le 17 juillet 1876, — Vol. in-32, broché ✕ .... » 20

Règlement sur l'instruction a pied dans les corps de troupe de l'artillerie, approuvé par le Ministre de la Guerre le 25 novembre 1885. — Vol. in-32 ✕ .... » 75

Extrait du règlement sur l'instruction a pied dans les corps de troupe de l'artillerie, approuvé par le Ministre de la Guerre le 25 novembre 1885. — Vol. in-32 ✕ .... » 60

Règlement sur l'instruction a cheval dans les corps de troupe de l'artillerie, approuvé le 20 décembre 1884. — Vol. in-32 de 204 pages, figures et tableaux; cartonné (1889) ✕ .... » 75

Appendice aux bases générales de l'instruction des corps de troupe de l'artillerie, approuvé par le Ministre de la Guerre le 27 septembre 1883. — Br. in-32 de 32 pages ✕ .... » 30

MODIFICATIONS AUX BASES GÉNÉRALES DE L'INSTRUCTION DES CORPS DE TROUPES DE L'ARTILLERIE, note approuvée le 26 mai 1888. — Brochure in-32 de 46 pages. × 40 »

RÈGLEMENT SUR LES MANŒUVRES DES BATTERIE ATTELÉES, approuvé le 28 décembre 1888.

TITRE Ier. — Bases particulières de l'instruction. — Volume in-32 de 180 pages × .... » 75

TITRE II. — Ecole du canon -conduct. — Instr. sur les marches. — Ecole de section. — Vol. in-32, 156 p. × » 75

TITRE III. — Ecole de batterie. TITRE IV. — Ecole de groupe. — Vol. in-32 de 194 pages, cartonné ×.. » 75

RÈGLEMENT SUR LE SERVICE DES BOUCHES A FEU. — Titre Ier. — 1re partie : *Service des bouches à feu de campagne. — Règlement provisoire sur le service des canons de 80 le 90 millimètres*, approuvé par le Ministre de la Guerre le 28 novembre 1887. — Vol. in-32 de 136 pages × » 75
2e partie : *Service du canon à balles.* — Vol. in-32. 128 pages × .... » 75

RÈGLEMENT PROVISOIRE SUR LE SERVICE DES CANONS DE 80 ET DE 90 MILLIMÈTRES, approuvé le 2 avril 1878. — Vol. de 112 pages in-32 ×.......................... » 50

RÈGLEMENT PROVISOIRE SUR LE SERVICE DU CANON DE 95 MILLIMÈTRES MONTÉ SUR AFFUT DE CAMPAGNE, approuvé le 20 mai 1878. — Vol. de 112 pages in-32 ×..... » 60

RÈGLEMENT PROVISOIRE SUR LE SERVICE DES CANONS DE 80, DE 90 ET DE 95 MILLIMÈTRES, 2e partie, approuvé le 18 novembre 1878. — Vol. in-32 de 440 pages ×.. 3 »

ADDITION AU RÈGLEMENT SUR LE SERVICE DES CANONS DE CAMPAGNE : *Batterie de 90 organisée avec des coffres modèle de* 1880, approuvée le 20 juillet 1883. — Vol. in-32 cartonné de 144 pages ×.............................. » 75

RÈGLEMENT SUR LE SERVICE DE L'ARTILLERIE DE MONTAGNE. — Vol. in-32 de 232 pages ×.............. 1 50

RÈGLEMENT SUR LE SERVICE DES BATTERIES DE 80 DE MONTAGNE, approuvé le 22 mars 1882. — Nouvelle édition in-32 de 249 pages ×................................ » 75

ADDITION AU TITRE III. — *Règlement provisoire sur le ser-*

vice du mortier de 220 millimètres, approuvé le 7 mai 1881. — Br. in-32 × .... » 50

ADDITION AU TITRE III. — *Règlement sur le service des bouches à feu de petit calibre montées sur affûts de siège et de place,* approuvé le 21 juillet 1883. — Vol. cartonné de 96 pages × .... » 50

ADDITION AU TITRE III. — *Règlement provisoire sur le service des canons de 120 et de 155 millimètres, montés sur affût de siège muni du frein hydraulique,* approuvé le 25 septembre 1885. — Vol. cartonné de 116 pages × » 60

ADDITION AU TITRE IV. — *Règlement sur le service du canon-revolver,* approuvé le 9 septembre 1883. — Vol. de 48 pages × .... » 30

ADDITION AU TITRE V, approuvée le 15 août 1875. — *Canon de 16 et obusier de 22.* — Vol. in-32 de 160 pages, cartonné × .... 1 »

ADDITION AU TITRE V, approuvée le 21 mai 1880. — *Canon de 19 et de 24 centimètres, rayé en fonte, tubé et fretté, monté sur affût de côte en fonte.* — Vol. in-32 de 144 pages, cartonné × .... 1 »

ADDITION AU TITRE V. — *Règlement sur le service de l'obusier de 22 centimètres en fonte, rayé, fretté, monté sur un affût de côte en fonte et chassis en fonte à pivot central,* approuvé par le Ministre de la guerre le 25 août 1885. — Vol. in-32 de 64 pages × .... » 50

ADDITION AU TITRE VII. — *Instruction sur les manœuvres de la chèvre de place nº 1* (modèle 1875), approuvée par le Ministre le 18 septembre 1876. — Br. in-32 ×. » 75

ADDITION AU TITRE VII. — *Instruction sur les manœuvres de la chèvre de place nº 2* (modèle 1875), *la manœuvre du cabestan de carrier et l'emploi des chariots à canon nº 1 et nº 2,* approuvée par le Ministre de la guerre le 31 mai 1879. — Renseignements sommaires sur les mouvements du matériel relatifs au canon de 24 millimètres. — Br. in-32, 64 pages × .... » 50

INSTRUCTION SUR LES MANŒUVRES DE LA CHÈVRE DE PLACE Nº 3 (modèle 1875) approuvée le 14 juin 1888. — Brochure in-32 de 32 pages × .... » 20

INSTRUCTION PROVISOIRE SUR LA FORMATION DES POINTEURS DANS L'ARTILLERIE (2e édition) ✕ . . . . » 50

INSTRUCTION SUR L'EMPLOI DE L'ARTILLERIE DANS LE COMBAT, approuvée le 1er mai 1887. — Br. in-32 de 86 p. ✕. » 50

INSTRUCTION PROVISOIRE POUR LA PRÉPARATION DES TROUPES D'ARTILLERIE A L'EXÉCUTION DU TIR INDIRECT DANS LES PLACES, approuvée le 24 janvier 1885. — Vol. in-32 cartonné de 64 pages ✕ . . . . » 60

INSTRUCTION SUR LE SERVICE DE L'ARTILLERIE DANS UN SIÈGE, approuvée le 17 mai 1876. — Br. in-32 de 72 pages ✕ . . . . » 50

INSTRUCTION SUR L'EMPLOI DU CANON A BALLES DANS LES CASEMATES POUR LE FLANQUEMENT DES FOSSÉS, approuvée le 22 juillet (fascicule de 24 pages in-32) ✕ . . . . . . » 30

INSTRUCTION DU 14 FÉVRIER 1887 SUR LES FORMATIONS EN BATAILLE ET EN MARCHE DES SECTIONS DE MUNITIONS ET DES SECTIONS DE PARC. — Br. in-32 de 28 pages ✕ » 30

INSTRUCTION SUR LE REMPLACEMENT DES MUNITIONS EN CAMPAGNE. — Br. in-32 ✕ . . . . » 30

INSTRUCTION SUR LE SERVICE DE LA CARABINE MODÈLE 1874, POUR LES TROUPES D'ARTILLERIE ET DU TRAIN DES ÉQUIPAGES MILITAIRES, approuvée le 24 mars 1876. — Vol. in-32, broché ✕ . . . . » 20

INSTRUCTION SUR LE SERVICE DU MOUSQUETON MODÈLE 1874, POUR LES TROUPES DE L'ARTILLERIE, approuvée par le Ministre de la guerre le 24 mars 1876. — Vol. in-32 de 32 pages ✕ . . . . » 20

XTRAIT DE L'INSTRUCTION MINISTÉRIELLE DU 30 AOUT 1884 SUR L'ENTRETIEN DES ARMES ET DES MUNITIONS. — Mousqueton avec sabre-baïonnette, revolver et armes blanches, munitions. — Br. in-32 de 48 pages ✕ . . . . . . » 25

XTRAIT DU RÈGLEMENT SUR LE SERVICE ET L'ENTRETIEN DU HARNACHEMENT DE L'ARTILLERIE ET DES ÉQUIPAGES MILITAIRES (11 juin 1883). — Vol. de 16 pages . . . . » 40

ARIFS ET DEVIS DES OBJETS COMPOSANT LE HARNACHEMENT DES CHEVAUX DE L'ARTILLERIE ET DU TRAIN DES ÉQUIPAGES (5 janvier 1887). — Br. in-8o de 80 pages *franco* » 85

ÈGLEMENT DU 1er SEPTEMBRE 1888 sur le service des écoles

régimentaires des corps de troupe de l'artillerie et de équipages militaires. — Br. in-8 de 24 p., *franco*...... »

PROGRAMME DES COURS PRÉPARATOIRES PROFESSÉS DA LES ÉCOLES RÉGIMENTAIRES DE L'ARTILLERIE ET DU TRA DES ÉQUIPAGES MILITAIRES (du 7 janvier 1887). — B in-8° de 16 pages ×..................... *franco* »

DÉCRET DU 4 NOVEMBRE 1886, portant réorganisation programme pour l'ÉCOLE D'ARTILLERIE ET DU G NIE ×.. »

INSTRUCTION DU 30 AVRIL 1889 pour l'inspection généra de l'artillerie et pour l'inspection générale du train d équipages militaires..................... *franco* »

TRAITÉ THÉORIQUE ÉLÉMENTAIRE DE TIR, par le capitai C. Pilate, du 25e d'artillerie. — Vol. in-32 cartonné 152 pages.. 1

MANUEL MÉTHODIQUE ET PRATIQUE D'ADMINISTRATION ET COMPTABILITÉ pour les commandants de batterie, se tion de munition ou de parc et compagnie du train d équipages de l'armée territoriale pendant les périod d'exercice. — Br. in-32 de 46 pages. avec formules. »

MANUEL A L'USAGE DES OFFICIERS D'ARTILLERIE DE RÉSERVE ET DE L'ARMÉE TERRITORIALE. *Construction d batteries.* — Vol. in-32, 95 pages et 4 planches ×. »

MANUEL A L'USAGE DES OFFICIERS D'ARTILLERIE DE RÉSERVE ET DE L'ARMÉE TERRITORIALE. *Batteries de 5, 7 et de 95 mill. de campagne.* — Vol. in-18 de 1 pages ×.. »

MANUEL DU SOUS-OFFICIER D'ARTILLERIE (2e édition).

PREMIÈRE PARTIE : Service de l'artillerie en campagne. — Devoirs du c de pièce. — Mobilisation, etc. — DEUXIÈME PARTIE : Programme dévelop des instructions à faire aux recrues. — TROISIÈME PARTIE : Place sous-officiers dans les manœuvres, les revues, les défilés, etc.

Vol. in-32 de 112 pages, cartonné 1

COURS SPÉCIAL A L'USAGE DES SOUS-OFFICIERS D'ARTILLE approuvé par le Ministre de la guerre, nouvelle éditi mise à jour jusqu'en 1888.

PREMIÈRE PARTIE : Artillerie de campagne. — Organisation de l'artillerie. — Mobilisation. — Service en campagne. — DEUXIÈME PARTIE : Artillerie de ligne, de place et de côte. — Pointage. — Voitures et attirail de siège. — TROISIÈME PARTIE : Construction des batteries. — APPENDICE : Artillerie de montagne. — Ponts militaires.

Vol. in-8° de 252 p. × .... 3 »

INSTRUCTIONS INTÉRIEURES DES JEUNES SOLDATS DE L'ARTILLERIE.

Armée. — Discipline. — Hiérarchie. — Service intérieur. — Devoirs des gardes d'écurie, des plantons, des sentinelles. — Prêt. — Ordinaire. — Livret. — Hygiène. — Récompenses. — Education militaire et patriotique, etc., etc.

Vol. in-32 de 216 pages.......................... 1 25

HISTORIQUE SUCCINCT DE L'ARTILLERIE AU TONKIN PENDANT LES ANNÉES 1883 ET 1884, par L. Humbert, chef d'escadron d'artillerie de la marine. — 2 vol. brochés.. » 70
Richement reliés toile.......................... 1 20

LIVRETS

(Riche reliure en toile gaufrée avec barrette déposée.)

(Le nombre des feuillets peut être augmenté ou diminué.)

LIVRET DE L'OFFICIER DE DEMI-BATTERIE (28 décembre 1883), contenant 200 feuillets imprimés ×.............. 2 75
LIVRET DE L'ADJUDANT, contenant 200 feuillets ×..... 2 75
LIVRET DE MARÉCHAL DES LOGIS, 89 feuillets ×....... 2 25
Feuillets mobiles séparés (indiquer l'espèce); le cent ×. 1 25
Couvertures ×.......................... » 50
Barrettes en cuivre ×.......................... » 50

f) TRAIN DES ÉQUIPAGES

MANUEL MÉTHODIQUE ET PRATIQUE D'ADMINISTRATION ET DE COMPTABILITÉ pour les commandants de batterie, section de munitions ou de parc et compagnie du train des équipages de l'armée territoriale pendant les périodes d'exercice. — Br. in-32 de 46 pages, avec formules. » 25

DÉCRET DU 28 DÉCEMBRE 1883, portant règlement sur le SERVICE INTÉRIEUR DES TROUPES DE L'ARTILLERIE ET DU TRAIN DES ÉQUIPAGES MILITAIRES. — Vol. in-32 cartonné de 420 pages (à jour jusqu'au mois d'août 1888) X. 1 50

MODIFICATIONS AU SERVICE INTÉRIEUR. — Fascicule de 68 pages, imprimées d'un côté seulement X........ 0 25

EXTRAITS DES DÉCRETS DES 23 OCTOBRE ET 28 DÉCEMBRE 1883, portant règlement sur le SERVICE DANS LES PLACES DE GUERRE ET LES VILLES DE GARNISON, et sur le SERVICE INTÉRIEUR DES TROUPES DE L'ARTILLERIE ET DU TRAIN DES ÉQUIPAGES MILITAIRES. — Vol. in-32 cartonné de 288 pages X.................................. 1 »

RÈGLEMENT SUR L'INSTRUCTION A PIED DANS LES ESCADRONS DU TRAIN DES ÉQUIPAGES MILITAIRES, approuvé le 11 juill. 1886. — Vol. in-32 de 188 p., cartonné X » 75

RÈGLEMENT SUR L'INSTRUCTION A CHEVAL DANS LES ESCADRONS DU TRAIN DES ÉQUIPAGES MILITAIRES, approuvé le 31 janvier 1877. — Vol. in-32 de 170 pages X..... » 75

INSTRUCTION SUR LA CONDUITE DES VOITURES EN GUIDES POUR LES TROUPES DU TRAIN DES ÉQUIPAGES MILITAIRES, approuvée le 6 février 1875. — Vol. in-32 de 64 p. X » 40

RÈGLEMENT SUR LA CONDUITE DES VOITURES ET MULETS DE BAT POUR LES TROUPES DU TRAIN DES ÉQUIPAGES MILITAIRES, approuvé le 21 juillet 1883. — Vol. de 493 pages avec nombreuses figures dans le texte X......... 2 »

RÈGLEMENT SUR L'ORGANISATION DES PELOTONS D'INSTRUCTION DANS LE CORPS DU TRAIN DES ÉQUIPAGES, approuvé par le Ministre le 17 juillet 1876. — Vol. in-32 br. X » 20

INSTRUCTION SUR LE SERVICE DE LA CARABINE MODÈLE 1874, POUR LES TROUPES D'ARTILLERIE ET DU TRAIN DES ÉQUIPAGES MILITAIRES, approuvée par le Ministre de la guerre le 24 mars 1876. — Vol. in-32, broché. X........ » 20

EXTRAIT DE L'INSTRUCTION MINISTÉRIELLE DU 30 AOUT 1884, SUR L'ENTRETIEN DES ARMES ET DES MUNITIONS. — Carabine de cavalerie avec baïonnette et carabine de gendarmerie avec sabre-baïonnette, revolver et armes blanches munitions. — Br. in-32 de 64 pages X...... » 30

EXTRAIT DE L'INSTRUCTION MINISTÉRIELLE DU 30 AOUT 1884 SUR L'ENTRETIEN DES ARMES ET DES MUNITIONS. — Mousqueton avec sabre-baïonnette, revolver et armes blanches, munitions. — Br. in-32 de 48 pages ×...... » 25

RÈGLEMENT DU 1er SEPTEMBRE 1888 sur le service des écoles régimentaires des corps de troupe de l'artillerie et des équipages militaires. — Br. in-8 de 24 p., *franco*.. » 35

TARIFS ET DEVIS DES OBJETS COMPOSANT LE HARNACHEMENT DES CHEVAUX DE L'ARTILLERIE ET DU TRAIN DES ÉQUIPAGES (5 janvier 1887). — Br. de 80 pages, *franco* » 85

LIVRETS

(Riche reliure en toile gaufrée avec barrette *déposée.*)

LIVRET DE L'OFFICIER DE DEMI-COMPAGNIE (28 décembre 1883), contenant 200 feuillets imprimés ×........ 2 75

LIVRET DE L'ADJUDANT, contenant 200 feuillets ×..... 2 75

LIVRET DU MARÉCHAL DES LOGIS, contenant 89 feuillets × 2 25

(Le nombre de feuillets peut être augmenté ou diminué.)

Feuillets mobiles séparés (indiquer l'espèce); le cent ×. 1 25

Couvertures ×.................................... » 50

Barrettes en cuivre ×............................ » 50

g) GENDARMERIE ET JUSTICE MILITAIRE

DÉCRET DU 1er MARS 1854, portant règlement sur L'ORGANISATION ET LE SERVICE DE LA GENDARMERIE, annoté par un officier de l'arme. — Vol. in-8o.............. 2 »

Le même, intercalé de papier blanc ×.............. 3 »

RÈGLEMENT DU 9 AVRIL 1858 SUR LE SERVICE INTÉRIEUR DE LA GENDARMERIE, modifié par les nouvelles instructions et annoté par un officier de l'arme, suivi de l'instruction spéciale du 25 avril 1873 sur l'hygiène des chevaux des brigades de gendarmerie. — Vol. in-8o ×........ 1 30

Le même, intercalé de papier blanc ×.............. 2 50

INSTRUCTION MINISTÉRIELLE DU 30 AVRIL 1883, SUR LE SERVICE MUNICIPAL DE LA GARDE RÉPUBLICAINE. — Vol. in-8o de 64 pages.. » 40

Règlement sur les exercices a pied de la gendarmerie, approuvé par le Ministre de la Guerre le 2 mai 1883. — Vol. relié de 198 p., figures dans le texte ×. 1 »

Règlement sur les exercices a pied et a cheval de la gendarmerie, approuvé par le Ministre de la Guerre le 2 mai 1883. — Vol. de 424 p. fig. dans le texte × 1 35

Instruction ministérielle du 15 janvier 1874, sur la nomenclature, le démontage, le remontage et l'entretien du revolver modèle 1873. — Br. in-32...... » 30
En placard.............................. » 15

Extrait de l'instruction ministérielle du 30 aout 1884, sur l'entretien des armes et des munitions. — Carabine de cavalerie avec baïonnette et carabine de gendarmerie avec sabre-baïonnette, revolver et armes blanches, munitions. — Br. in-32 de 64 pages.............. » 30

Instruction sur l'entretien de la carabine modèle 1866-67 (en placard)............................ » 20

Nomenclature de la carabine mod. 1866-74 (en placard) » 15

Instruction du 28 juin 1887 sur le harnachement de la Gendarmerie, modifiant celle du 21 octobre 1881.... » 30

Décret du 18 février 1863, portant règlement sur la solde, les revues, l'administration et la comptabilité de la gendarmerie, annoté et mis à jour jusqu'au 1er août 1887, par E. Corsin, capitaine à la garde républicaine.— Vol. in-8o, relié toile anglaise, de 278 pages ×... 4 »

Règlement de 1884, pour les frais de comparution en justice et le transfèrement des prisonniers. — Br. in-32.. » 30

Décret du 19 octobre 1887 sur la comptabilité des prévotés en campagne. —Br. de 76 pages avec modèles et tableaux.................................*franco* » 70

Instruction du 25 octobre 1887 sur le service prévotal de la gendarmerie aux armées. — Br. in-8o de 188 pages....................................*franco* 1 50

Prévôté aux armées. — Extrait des circulaires des 19 et 25 octobre 1887. — In-32 de 64 pages............ » 60

Instruction sur les conditions d'admission dans la gendarmerie des officiers et des sous-officiers de l'armée, et programmes des examens à subir.... » 25

INSTRUCTION SUR LES EMPLOIS CIVILS RÉSERVÉS AUX SOUS-OFFICIERS, à l'usage des militaires de la gendarmerie. — Br. in-32 de 96 pages.......................... 50 »

INSTRUCTION DU 1er MAI 1889 pour les inspections générales de gendarmerie.............................. *franco* » 65

INSTRUCTION DU 10 MAI 1889 pour l'inspection générale du service de la justice militaire.............. *franco* » 15

CATALOGUE DES MÉDICAMENTS FOURNIS AUX MILITAIRES DE LA GENDARMERIE ET A LEURS FAMILLES. — Br. in-8° de 16 pages.. » 25

LOI DU 23 JANVIER 1873 SUR L'IVRESSE PUBLIQUE, annotée et commentée .... » 25

LOI TENDANT A RÉPRIMER L'IVRESSE PUBLIQUE ET A COMBATTRE LES PROGRÈS DE L'ALCOOLISME, promulguée le 3 février 1873, en feuille.............................. » 15

LOI DU 18 AVRIL SUR L'ESPIONNAGE, en placard....... » 15

LOI SUR LA POLICE SANITAIRE DES ANIMAUX, promulguée le 22 juin 1882.. » 20

LOIS, DÉCRETS, CIRCULAIRES réglementant la fabrication, l'emploi et le transport de la dynamite et du coton-poudre. — Vol. in-8° de 84 pages.......................... 1 »

LOI DU 2 MAI 1844 SUR LA POLICE DE LA CHASSE, modifiée par la loi du 22 janvier 1874, annotée et commentée par M. Bertrand, procureur de la République, à l'usage de la gendarmerie.. » 30

LOI SUR LA PÊCHE FLUVIALE, annotée et commentée par M. Bertrand, procureur de la République, à l'usage de la gendarmerie .... » 50

LOI SUR LA POLICE DU ROULAGE ET DES MESSAGERIES PUBLIQUES, commentée et annotée par M. Bertrand, procureur de la République, à l'usage de la gendarmerie... » 30

EXTRAIT DU DÉCRET DU 10 AOUT 1852 SUR LA POLICE DU ROULAGE (notice destinée à être placardée à l'intérieur des voitures publiques).. » 05

DÉCRET DU 3 NOVEMBRE 1855 SUR LA POLICE DU ROULAGE ET DES MESSAGERIES PUBLIQUES EN ALGÉRIE, suivi d'un arrêté ministériel daté du même jour, annotés et commentés, à l'usage de la gendarmerie........................ » 40

DU DROIT DES FONCTIONNAIRES PUBLICS DE REQUÉRIR LA GENDARMERIE ET LA TROUPE. — Vol. in-32, broché... » 10

INSTRUCTION SUR LA POLICE DES CAFÉS, CABARETS, AUBERGES ET AUTRES LIEUX PUBLICS avec la jurisprudence de la Cour de cassation sur tous les cas particuliers. — Br. in-32 de 48 pages.......................... » 35

INSTRUCTION SUR LA POLICE DES CHIENS. Application des règlements de police dans les campagnes, dans les villes, à Paris et dans les communes du ressort de la préfecture de police.............................. » 25

EXTRAIT A L'USAGE DES BRIGADES DE GENDARMERIE DE L'INSTRUCTION DU 28 DÉCEMBRE 1879 (édition refondue), *sur l'administration des hommes de tout grade de la disponibilité, de la réserve et de l'armée territoriale dans leurs foyers*. — Vol. in-8° de 230 pages........... 2 »

INSTRUCTION SUR L'ADMINISTRATION DES GENDARMES RÉSERVISTES ET TERRITORIAUX DANS LEURS FOYERS (circulaire ministérielle du 1er février 1884). — Br. in-32...... » 25

DEVOIRS DE LA GENDARMERIE, en ce qui concerne les HOMMES ASTREINTS AU SERVICE MILITAIRE. (Chapitre Ier de l'instruction du 20 décembre 1880, mis à jour. — Vol. in-18, relié toile.................................... 1 »

INSTRUCTION DU 21 JUILLET 1886 pour le règlement des dommages causés aux propriétés privées par les manœuvres ou exercices exécutés annuellement par les corps de troupe. — Vol. de 32 pages......................... » 35

CODE-MANUEL DES RÉQUISITIONS MILITAIRES. Textes officiels annotés et mis à jour par de L..., licencié en droit, et l'intendant militaire A. T... — 3 vol.

Tome Ier. — *Exposé de principes; texte de la loi du 3 juillet 1877 et du règl. du 2 août 1877*, avec notes et commentaires. — Vol. in-32 de 112 pag., broché.. » 35
Relié toile.................................. » 60

Tome II. — *Recensement et réquisition des chevaux et des voitures*. — Vol. in-32 de 96 pages, broché... » 35
Relié toile.................................. » 60

Tome III. — *Guide pratique des diverses autorités et commissions pour l'application de la loi du 3 juillet*

1877. Formules et modèles. — Vol. in-32 de 96 pages, broché .... » 35
Relié toile.. » 60

NOUVEAUX CODES FRANÇAIS ET LOIS USUELLES CIVILES ET MILITAIRES. Recueil spécialement destiné à la gendarmerie. — Relié toile anglaise........................ 5 »

CODE-MANUEL DE JUSTICE MILITAIRE POUR L'ARMÉE DE TERRE, suivi d'une instruction pour la tenue de l'audience par le président, d'un extrait des Codes d'instruction criminelle et pénal; d'un recueil des lois, décrets et circulaires ministérielles, des divers modèles d'actes et procès-verbaux judiciaires. — Fort vol. de 384 pages, relié.. 2 »

LA POLICE JUDICIAIRE MILITAIRE EN TEMPS DE PAIX ET EN TEMPS DE GUERRE, par Emile Loyer, chef d'escadron de gendarmerie. — Vol. in-32 de 224 pages.......... 1 50

GUIDE DES RAPPORTEURS PRÈS LES CONSEILS DE GUERRE PERMANENTS EN TEMPS DE PAIX, par Aug. Cusin et Dechenne. — Fort vol. in-8o de 180 pages.................... 4 »

LA PRÉVÔTÉ EN CAMPAGNE, *Aide-mémoire*, par M. L. Amade, lieutenant-colonel, commandant la 11e légion. — Vol. in-32 de 232 pages, honoré d'une souscription des Ministres de la Guerre et de la marine (2e édition).
Broché 1 30
Cartonné.. 1 60
Relié toile, avec poche, coulisseau à crayon.... 2 25

DICTIONNAIRE DES CONNAISSANCES GÉNÉRALES UTILES A LA GENDARMERIE, par L. Amade, chef de légion, et, pour la partie administrative, par E. Corsin, capitaine de gendarmerie. — Fort vol. in-8o, broché, de 800 pages (6e édition).. 5 »
Relié toile anglaise.. 6 »

GUIDE FORMULAIRE DE LA GENDARMERIE dans l'exercice de ses fonctions de police judiciaire, civile et militaire, par Etienne Meynieux, docteur en droit. — Vol. in-8o de 540 pages, broché.. 6 »

CARNET-GUIDE DU GENDARME, revu, augmenté et mis à jour, (5e édition), volume entièrement modifié, d'un format commode, facile à mettre dans la poche, recouvert élégamment en toile dorée........................... 1 25

NOUVEAU VADE-MECUM DE LA GENDARMERIE, par M. le lieutenant Berthet, commandant d'arrondissement. — Joli vol. in-32 de 130 pages, relié en toile anglaise.......... 1 25

MANUEL DU GENDARME, pour servir à la rédaction des procès-verbaux, indispensable à tous les sous-officiers, brigadiers et gendarmes soucieux de bien remplir leur mission (10e édition). — Beau petit vol. in-32 de 100 pages, richement relié en toile gaufrée.......................... » 80

MODÈLES D'ANALYSES DE PROCÈS-VERBAUX, pouvant s'appliquer à tous les cas qui se rencontrent dans la gendarmerie. — Br. in-18.................................. » 30

CARNET DE POCHE à l'usage des commandants de brigade et des gendarmes, pour servir à l'INSCRIPTION DES SIGNALEMENTS, MANDATS DE JUSTICE ET ORDRES DE RECHERCHE, avec table alphabétique, papier blanc réservé pour notes, relié toile avec coulisseaux.

De 130 feuillets.................................. 1 50

De 236 feuillets.................................. 2 50

RÉSUMÉ MÉTHODIQUE DES PIÈCES A FOURNIR PAR LES COMMANDANTS DE BRIGADE, en ce qui concerne le RECRUTEMENT, les MILITAIRES EN CONGÉ, EN PERMISSION OU A L'HOPITAL, revu et annoté par le commandant P. T. — Br. in-18.. » 50

MANUEL SUR LES PENSIONS DE RETRAITE DES OFFICIERS, SOUS-OFFICIERS, BRIGADIERS, CAPORAUX, SOLDATS OU GENDARMES, ET SUR LES PENSIONS DES VEUVES ET SECOURS AUX ORPHELINS, avec tarifs, annotations et explications utiles à la gendarmerie. — Br. in-8º de 52 pages, avec nombreux tableaux (4e édition).................... 1 »

INSTRUCTION DU 27 AOUT 1886, relative aux DEMANDES DE SECOURS.. » 50

LA GENDARMERIE DE DEMAIN ou *la Gendarmerie après la nouvelle loi militaire*. — Br. in-18 de 72 pages ... 1 »

ESQUISSE HISTORIQUE DE LA GENDARMERIE FRANÇAISE, par H. Delattre :

Aux gendarmes. — Origines. — Organisations et dénominations diverses. — Service particulier de la cour : Prévôté de l'hôtel; Compagnie des voyages et chasses du roi et gendarmerie forestière; Gendarmerie d'élite; Gendarmerie de la garde impériale sous Napoléon III. — Service spécial de la ville de Paris : Guet royal; Garde de l'hôtel de ville; Compagnie de robe courte et du Châtelet; Prévôté générale des monnaies; Garde de Paris; Gardes des îles, ports et quais; Gardes de Bicêtre et de la Salpêtrière; Gendarmerie des tribunaux; Grenadiers-gendarmes; Divisions de la gendarmerie nationale parisienne; Légion de police générale; Garde municipale de Paris; Gendarmerie impériale de Paris; Gendarmerie royale de Paris; Garde républicaine. — Service de la province et des armées : Compagnie de la connétablie; Compagnie de maréchaussée de l'Ile-de-France; Compagnies de maréchaussée des diverses provinces et généralités; Divisions et légions de gendarmerie des départements; Divisions d'après le titre VII de la loi du 16 février 1791. — Inspections : Gendarmerie de l'armée d'Espagne; Archers de la marine; Gendarmerie maritime; Gendarmerie coloniale; Voltigeurs corses; Compagnies sédentaires ou vétérans de la Gendarmerie; Gendarmerie mobile; Régiments provisoires de gendarmerie à cheval; Légion d'Afrique; Voltigeurs algériens; Régiments de gendarmerie à pied et à cheval pendant la guerre de 1870-71; Gendarmes réservistes et territoriaux; Recrutement; Uniforme; Attributions; Services rendus.

Belle brochure in-18 de 88 pages............... 2 »

LA GENDARMERIE NATIONALE DEVANT LES CHAMBRES. — Br. in-18.. » 50

Abonnement d'un an à L'ECHO DE LA GENDARMERIE NATIONALE, avec l'*Annuaire*. France, Corse, Algérie et Tunisie. 6 50
Colonies et étranger.............................. 8 »

ANNUAIRE SPÉCIAL DE L'ARME DE LA GENDARMERIE pour 1889. — Br. in-8° de 254 pages (épuisé)................ 2 »

ALMANACH DE LA GENDARMERIE pour 1889. — Br. in-32 de 216 pages.. » 60

i) SERVICE MÉDICAL

INSTRUCTION DU 20 MAI 1889, pour l'inspection générale du service de santé.................................. 0 35

INSTRUCTION DU 20 MAI 1889, pour l'inspection générale du service pharmaceutique.......................... 0 10

NOTE MINISTÉRIELLE DU 17 AVRIL 1889, relative aux médicaments et au matériel que les corps de troupe sont autorisés à tirer des établissements du service de santé pour l'approvisionnement des infirmeries régimentaires. — Br. in-8° .... *franco* » 40

DÉCISION MINISTÉRIELLE DU 29 FÉVRIER 1888 modifiant les annexes au règlement sur le service des étapes et au règlement sur le service de santé en campagne. — Br. in-8° de 16 pages et 4 planches.......................... » 30

CHARGEMENT DES VOITURES DE CHIRURGIE avec deux planches représentant ses côtés droit et gauche. — Décision ministérielle du 20 juin 1881. — Brochure in-8° de 48 pages =.......................... » 30

NOTE DU 22 MARS 1889, relative à l'installation des appareils de suspension des brancards à deux étages dans les trains sanitaires improvisés.......................... » 10

INSTRUCTION DU 1er MARS 1889 pour l'admission à l'école du service de santé militaire en 1889. — Brochure in-8° de 20 pages.......................... « 25, *franco* » 30

INSTRUCTION DU 9 JUIN, POUR L'EXÉCUTION DE LA LOI DU 29 JANVIER 1851, portant création de la statistique médicale de l'armée. — Br. de 96 pages.......... *franco* » 70

INSTRUCTION DU 27 AOUT 1885 sur les dem. de secours... » 50

CLASSIFICATION DES BLESSURES ET INFIRMITÉS OUVRANT DES DROITS A LA PENSION DE RETRAITE (23 juillet 1887). — Br. in-8° de 20 pages, *franco*.......................... » 35

MANUEL SUR LES PENSIONS DE RETRAITE des officiers, sous-officiers, brigadiers, caporaux, soldats ou gendarmes, et sur les pensions des veuves et secours aux orphelins, avec tarifs. — Br. in-8° de 58 pages, avec nombreux tableaux (4e édition) =.......................... 1 »

COURS ÉLÉMENTAIRE D'HYGIÈNE MILITAIRE ET DE SECOURS SANITAIRES D'IMPROVISATION par MM. Dammien, médecin-major de 1re classe, et Trumelet, colonel au 12e régiment. (2e édition). — Br. in-8° de 112 pages.......... » 75

A NOS SOLDATS, *premiers secours à porter aux blessés*, par le docteur A. Tissot, de la faculté de médecine de Paris. — Vol. in-32 de 210 pages. Relié toile.......... 1 50

DE L'INSOLATION, conseils pratiques pour la prévenir sur les troupes en marche. — Br. in-32 (2e édition)..... » 25

MANUEL DU SERVICE DES HÔPITAUX, à l'usage des officiers

d'administratisn et des candidats à ce grade, par S. Poulard, professeur à l'Ecole d'administration de Vincennes, licencié en droit. — Vol. in-8° de 306 pages. 6 »

j) SERVICE VÉTÉRINAIRE

NOTE MINISTÉRIELLE DU 17 AVRIL 1889 relative aux cessions à charge de remboursement à faire par les établissements du service de santé aux corps de troupe pour les infirmeries vétérinaires.............. *franco* » 25

INSTRUCTION POUR L'ADMISSION DANS LES ÉCOLES NATIONALES VÉTÉRINAIRES. — Br. in-32 de 38 pages...... » 50

MANUEL DE MARÉCHALERIE à l'usage des maréchaux ferrants de l'armée, approuvé par le Ministre de la guerre le 12 décembre 1875. — Vol. in-32 de 212 pages, cartonné ×.. 1 25

INSTRUCTION SPÉCIALE SUR L'HYGIÈNE DES CHEVAUX. — Br. in-8°...................................... » 25

COURS ABRÉGÉ D'HIPPOLOGIE à l'usage des sous-officiers, etc., des corps de troupes à cheval, rédigé par les soins de la commission d'hygiène hippique, approuvé par le Ministre de la guerre le 2 avril 1875. — V. in-18. × 1 50

ÉTUDES HIPPIQUES, par le capitaine Bellard, du 13e régiment de chasseurs. — Br. in-8° de 200 pages.......... 2 »

QUESTIONS HIPPIQUES, par le capitaine BELLARD. — Vol. in-8° de 216 pages.. 4 »

NOTIONS SUR LA VIANDE FRAICHE DESTINÉE A LA TROUPE :

Tome I. — *Généralités sur l'alimentation; achat de la viande sur pied; connaissances professionnelles.* — Vol. de 92 pages, orné de nombreuses gravures.

Tome II. — *Marchés; abattoirs; boucheries; distributions; espèces de viande; transport et entretien du bétail.* — Vol. de 96 pages, orné de nombreuses grav.

Tome III. — *Ordinaires; réglementation de la viande fraîche; cahier des charges.* — Vol de 48 pages

Prix de chaque volume.	broché	en librairie............	» 30
		franco.................	» 35
	relié	....	» 60

k) CORPS SPÉCIAUX ET SERVICES DIVERS

GUIDE A L'USAGE DES OFFICIERS DES BATAILLONS DE DOUANIERS, par L. Pierre. — Vol. in-32 de 112 pages, relié toile.. 1 50

MANUEL D'INSTRUCTION MILITAIRE à l'usage des brigadiers, candidats au grade de sous-lieutenant des douanes et des officiers et contrôleurs candidats au grade de sous-inspecteur des douanes, par L. Martin, contrôleur des douanes. — Vol. in-32 de 120 pages, relié toile... 1 50

RÈGLEMENT DU 10 MARS 1888, relatif à l'instruction à donner en temps de paix au personnel de la télégrap. militaire. Br. in-8° de 32 pages, *Bulletin officiel*, n° 12, 1888 et n° 22, 1889, net et *franco*.......................... » 30

INSTRUCTION DU 17 mai 1889 pour l'inspection générale du service des affaires indigènes en Algérie et des renseignements en Tunisie.................. *franco* » 10

INSTRUCTION DU 7 MAI 1889 pour les inspections générales des bureaux de recrutement et des sections de secrétaires d'état-major et du recrutement..... *franco* » 15

INSTRUCTION DU 16 MAI 1889 sur l'inspection générale des établissements du service des poudres et salpêtres.. *franco* » 15

RÈGLEMENT DU 1er AVRIL 1887 SUR L'ORGANISATION ET LE FONCTIONNEMENT DU SERVICE DES SIGNALEURS DANS LES CORPS DE TROUPE D'INFANTERIE ×.................. » 05

INSTRUCTION DU 16 JUIN 1885 POUR LA CORRESPONDANCE PAR SIGNAUX DANS LES CORPS DE TROUPE. — Br. in-32 de 64 pages ×.. » 60

EXTRAIT DE L'INSTRUCTION POUR LA CORRESPONDANCE PAR SIGNAUX ×.. » 05

CARNET DE DÉPÊCHES SPÉCIAL contenant, sous une couverture parcheminée, un bloc de dépêches numérotées de 1 à 48 ×.. » 75

EXTRAIT DE L'INSTRUCTION GÉNÉRALE SUR LE SERVICE DES POSTES, avec des notes et commentaires, par Roger Barbaud, inspecteur des Postes et Télégraphes. — Vol. in-32 de 312 pages.. 2 »

MANUEL DES CANDIDATS AU SURNUMÉRARIAT DES POSTES ET TÉLÉGRAPHES, par le même.—Vol. in-32 de 320 pages 2 »

VADE-MECUM DU VAGUEMESTRE, par le même. — Vol. in-32 de 312 pages........................... 2 »

l) RÉSERVE ET ARMÉE TERRITORIALE

MANUEL MÉTHODIQUE ET PRATIQUE D'ADMINISTRATION ET DE COMPTABILITÉ pour les commandants de batterie, section de munitions ou de parc et compagnie du train des équipages de l'armée territoriale pendant les périodes d'exercice. — Br. in-32 de 46 pages, avec formules. » 25

INSTRUCTION THÉORIQUE ET PRATIQUE DES CADRES, DES CONTINGENTS ET DES RÉSERVISTES. — Programmes et documents officiels. — Marche de l'instruction. — Vol. in-32 de 120 pages ×........................... » 75

DROITS ET DEVOIRS DU SOLDAT DE L'ARMÉE ACTIVE, DE LA RÉSERVE ET DE L'ARMÉE TERRITORIALE, d'après les lois, décrets et règlements les plus récents, par A. de la Villatte, lieutenant-colonel du 5e régiment d'infanterie, officier d'académie. Ouvrage adopté par le ministère de l'instruction publique pour les bibliothèques scolaires et populaires (édition, entièrement refondue). — Vol. in-32 de 96 pages, broché........................ » 35

Richement relié toile........................ » 60

OBLIGATIONS imposées par la loi aux RÉSERVISTES ET TERRITORIAUX. — Br. in-32 ×........................ » 25

INSTRUCTION MINISTÉRIELLE DU 22 MARS 1886, pour les CONVOCATIONS ANNUELLES de l'armée territoriale. — Vol. in-32 de 96 pages ×........................ » 60

PROGRAMME DU 30 SEPTEMBRE 1885, précédé d'une notice sur le RECRUTEMENT et la NOMINATION DES OFFICIERS DE RÉSERVE ET DE L'ARMÉE TERRITORIALE attachés à l'intendance =.. » 40

PROGRAMMES DES EXAMENS ORAUX ET PRATIQUES imposés aux candidats de toutes armes proposés pour des emplois d'OFFICIER et d'ASSMILÉ : 1° dans les réserves ; 2°

dans l'armée territoriale ; 3o dans les services administratifs ; 4o dans le corps des interprètes militaires. — Br. in-32 de 64 pages (1888) = ... » 50

INSTRUCTION DU 8 AVRIL 1889, contenant les dispositions relatives au développement et à l'entretien des connaissances militaires des cadres de la réserve et de l'armée territoriale.. » 25

DÉCRET DU 27 DÉCEMBRE 1886, portant création d'un corps spécial d'INTERPRÈTES DE RÉSERVE. — Br. in-8o de 12 pages, *franco*.. » 25

MANUEL A L'USAGE DES OFFICIERS D'ARTILLERIE DE LA RÉSERVE ET DE L'ARMÉE TERRITORIALE. *Construction des batteries.* — Vol. in-32, 95 pages et 4 planches ×. » 50

MANUEL A L'USAGE DES OFFICIERS D'ARTILLERIE DE LA RÉSERVE ET DE L'ARMÉE TERRITORIALE. *Batteries de 5, de 7 et de 95 millimètres de campagne.* — Vol. in-18 de 168 pages ×.. » 75

DROITS ET OBLIGATIONS MILITAIRES DES OFFICIERS DE RÉSERVE ET DE L'ARMÉE TERRITORIALE. — Nouvelle édition en préparation.. 5 »

INSTRUCTION DU 8 octobre 1885 SUR L'ORGANISATION ET LE FONCTIONNEMENT DES SOCIÉTÉS DE TIR ET DE GYMNASTIQUE.. » 60

Tir.

RÈGLEMENT DU 1er MARS 1888 SUR L'INSTRUCTION DU TIR (infanterie), modifié par décret du 8 décembre 1888. — Vol. in-32 de 132 pages, couverture cartonnée × (4e édition) .... » 60 *franco* 0 75

Le même relié toile.............. » 85 *franco* 1 00

RÈGLEMENT SUR L'INSTRUCTION DU TIR DES TROUPES DE CAVALERIE, approuvé le 17 août 1884. — Vol. in-32 cartonné de 246 pages, avec nombreux dessins (6e édition) ×.. 1 »

INSTRUCTION relative à la confection et au mode d'emploi des CARTOUCHES DU TIR RÉDUIT ×............... » 40

EXTRAIT DE L'INSTRUCTION MINISTÉRIELLE DU 27 JANVIER 1882 SUR LE TIR RÉDUIT. — Br. in-32 ×..... » 15

TRAITÉ THÉORIQUE ÉLÉMENTAIRE DE TIR, par le capitaine C. Pilate, du 25e d'artillerie. — Vol. in-32 cartonné de 152 pages =................................ 1 »

DISCIPLINE DU FEU DANS LE RÈGLEMENT AUTRICHIEN SUR LES MANŒUVRES DE L'INFANTERIE. — Br. in-18........ » 60

UN TÉLÉMÈTRE, théorie, construction et emploi d'un appareil simple, pratique et peu coûteux (extrait de la *Revue d'Infanterie*)........................ *franco* » 50

Armement et munitions.

RÈGLEMENT SUR LE SERVICE DE L'ARMEMENT, approuvé le 30 août 1884. — Br. de 204 pages = ... 2 50

EXTRAIT DE L'INSTRUCTION MINISTÉRIELLE DU 30 AOUT 1884 SUR L'ENTRETIEN DES ARMES ET DES MUNITIONS. — Mousqueton avec sabre-baïonnette, revolver et armes blanches, munitions. — Br. in-32 de 48 pages ×..... » 25

EXTRAIT DE L'INSTRUCTION MINISTÉRIELLE DU 30 AOUT 1884, SUR L'ENTRETIEN DES ARMES ET DES MUNITIONS. — Carabine de cavalerie avec baïonnette et carabine de gendarmerie avec sabre-baïonnette, revolver et armes blanches, munitions. — Br. in-32 de 64 pages ×...... » 30

INSTRUCTION SUR LE SERVICE DE LA CARABINE MODÈLE 1874, POUR LES TROUPES D'ARTILLERIE ET DU TRAIN DES ÉQUIPAGES MILITAIRES, approuvée le 24 mars 1876. — Vol. in-32, broché ×.............................. » 20

INSTRUCTION SUR LE SERVICE DU MOUSQUETON MODÈLE 1874, POUR LES TROUPES DE L'ARTILLERIE, approuvée par le Ministre de la guerre le 24 mars 1876. — Vol. in-32 de 32 pages ×................................ » 20

INSTRUCTION MINISTÉRIELLE DU 15 JANVIER 1874 sur la no-

menclature, le démontage, le remontage et l'entretien du REVOLVER MODÈLE 1873. — Br. in-32 .... » 30
En placard .... » 15

TARIF PROVISOIRE DES PRIX DES RÉPARATIONS, approuvé le 6 septembre 1887 (armes modèle 1874 et modèle 1866-74, fusil modèle 1884, fusil modèle 1885 et modèle 1874-1885, fusil modèle 1886, revolver modèle 1873, armes blanches, — Br. de 112 pages, *franco* .... » 70

INSTRUCTION DU 14 FÉVRIER 1887 SUR LES FORMATIONS EN BATAILLE ET EN MARCHE DES SECTIONS DE MUNITIONS ET DES SECTIONS DE PARC. — Br. in-32 de 28 pages × » 30

INSTRUCTION SUR LE REMPLACEMENT DES MUNITIONS EN CAMPAGNE. — Br. in-32 × .... » 30

RÈGLEMENT DU 26 NOVEMBRE 1884, concernant les soins et précautions à prendre pour la conservation des POUDRES et MUNITIONS DE GUERRE dans les magasins. — Br. in-32 de 48 pages × .... » 50

LES CARTOUCHES ET LE CAISSON D'INFANTERIE, avec figures dans le texte. — Volume in-32 de 100 pages, broché. » 35
Richement relié toile .... » 60

LES MUNITIONS DE L'INFANTERIE : Russie, Autriche, Angleterre, Italie. (Extrait de la *France militaire.*) — Vol. in-32 × .... » 0 25

MANUEL DU DYNAMITEUR. LA DYNAMITE DE GUERRE ET LE COTON-POUDRE ; *leur fabrication, leur conservation, leur transport et leur emploi*, d'après les règlements en vigueur, par le commandant Dumas-Guilin. — Vol. in-18 de 388 pages, avec 48 figures .... 4 »

Escrime. — Gymnastique.

MANUEL DE GYMNASTIQUE, approuvé par le Ministre de la guerre le 26 juillet 1877. — Vol. in-32 de 236 pages, avec figures dans le texte et une planche × 1 25

MANUEL D'ESCRIME, approuvé par le Ministre de la guerre le 18 mai 1877. — Vol. in-32 de 128 pages, avec figures dans le texte. — Cartonné × .... » 60

EXERCICES plus particulièrement propres à l'ASSOUPLIS-

SEMENT. (Extrait de l'instruction du 24 avril 1846). — Vol. in-32 broché ×.................................. » 15

ESCRIME DE CHAMBRE, méthode pour s'exercer seul à faire des armes, par le commandant E. T. — Br. in-32 de 24 pages.................................. » 25

INSTRUCTION DU 9 OCTOBRE 1885 SUR L'ORGANISATION ET LE FONCTIONNEMENT DES SOCIÉTÉS DE TIR ET DE GYMNASTIQUE.................................. » 60

Ecoles.

INSTRUCTION DU 31 JANVIER 1889, pour l'admission à l'Ecole spéciale militaire en 1889................. *franco* » 20

RÈGLEMENT MINISTÉRIEL DU 18 AVRIL 1889 SUR LES EXAMENS DES CANDIDATS AU BREVET D'ÉTAT-MAJOR........ » 20

INSTRUCTION DU 19 MAI 1889 POUR L'ADMISSION A L'ECOLE SUPÉRIEURE DE GUERRE EN 1890. — Br. in-18....... » 20

SUJETS DES COMPOSITIONS ÉCRITES pour les concours d'admission à l'Ecole supérieure de guerre de 1878 à 1888. Brochure in-8° de 20 pages.................................. » 50

INSTRUCTION DU 22 juin 1886 POUR L'ADMISSION DES SOUS-OFFICIERS A L'ÉCOLE MILITAIRE D'INFANTERIE, complétée par le programme du 31 juillet 1879 et le décret du 11 octobre 1886. — Br. in-32 × .... » 50

ARRÊTÉ MINISTÉRIEL DU 25 FÉVRIER 1889, relatif à l'admission des sous-officiers d'infanterie de marine à l'Ecole militaire d'infanterie.................................. » 50

DÉCRET DU 4 NOVEMBRE 1886, portant réorganisation et programme pour l'ÉCOLE D'ARTILLERIE ET DU GÉNIE ×.................................. » 50

PROGRAMME DES EXAMENS POUR L'ADMISSION A L'ÉCOLE D'ADMINISTRATION DE VINCENNES. — Br. in-32 de 16 pages ×.................................. » 50

INSTRUCTION POUR L'ADMISSION DANS LES ÉCOLES NATIONALES VÉTÉRINAIRES. — Broch. in-32 de 38 pages ... » 50

INSTRUCTION DU 1er MARS 1889 pour l'admission à l'Ecole du service de santé militaire en 1889. — Brochure in-8° de 20 pages.................................. » 25, *franco* » 30

Instruction du 30 janvier 1889 sur l'habillement des écoles des sous-officiers et élèves offic.. *franco* » 25

Règlement et programme du 31 juillet 1879, pour les écoles d'infanterie, mis à jour jusqu'au 31 mai 1889 1 25

Règlement du 17 janvier 1883 sur le service des écoles dans la cavalerie. — Vol. in-32 de 32 pages.... » 50

Règlement du 1er septembre 1888 sur le service des écoles régimentaires de l'artillerie et du train des équipages militaires. — Brochure in-8o de 24 pages..*franco* » 35

Programme des cours préparatoires professés dans les écoles régimentaires de l'artillerie et du train des équipages militaires (du 7 janvier 1887). — Br. in-8o de 16 pages ×............................ *franco* » 20

Programme du 13 avril 1889, du cours supérieur professé dans les écoles d'artillerie, à l'usage des sous-officiers (*Bulletin officiel*, no 36)................... *franco* » 20

Programme des connaissances que doivent posséder les engagés conditionnels d'un an a l'expiration de leur année de service. (Art. 56 de la loi du 27 juillet 1872). Pour l'infanterie ×............................ » 25

Cours spécial a l'usage des sous-officiers d'artillerie approuvé par le Ministre de la guerre le 20 juillet 1881, nouvelle édition mise à jour. — Volume in-8o de 252 pages ×.. 3 »

Solutions raisonnées des questions de géométrie proposées dans le cours des écoles régimentaires, à l'usage des sous-officiers candidats à l'Ecole militaire de Saint-Maixent. — Vol. in-18 de 156 pages......... 3 »

MINISTÈRE DE LA GUERRE. — Ecoles régimentaires. — Cours préparatoire.

Grammaire et composition française. — Vol. in-18 de 324 pages =.. 2 »

Arithmétique et système métrique. — Vol. in-18 de 230 pages =.. 1 60

Géométrie. — Vol. in-18 de 197 pages avec figures dans le texte =.. 1 60

Topographie. — Vol. in-18 de 182 pages avec figures dans le texte, tableaux et carte =........................ 2 »

FORTIFICATION DE CAMPAGNE. — Vol. in-18 de 191 pages, avec figures dans le texte = ... 2 »

GÉOGRAPHIE. — Vol. in-18 de 174 pages, avec 14 cartes = ... 3 »

HISTOIRE MILITAIRE. — Vol. in-18 de 246 pages, avec 12 cartes = ... 4 50

(Les 7 volumes pris ensemble, 13 fr. 50.)

COURS DE TOPOGRAPHIE, à l'usage des officiers et sous-officiers de toutes armes (armée active, réserve, armée territoriale), ouvrage rédigé conformément aux programmes officiels du 30 septembre 1874, par A. Laplaiche, ancien professeur de l'Université. — 2 vol. in-32 (5e édit.:

Le 1er de 120 pages, orné de 140 figures, broché. » 35
Relié toile gaufrée.......................... » 60
Le 2e de 128 pages, orné de 66 figures, broché.. » 35
Relié toile gaufrée.......................... » 60

NOTIONS SOMMAIRES SUR L'ÉTUDE ET LA LECTURE DES CARTES TOPOGRAPHIQUES, par le commandant A. H. — Br. in-8o avec nombreux plans et dessins = ... » 75

ECOLE THÉORIQUE ET PRATIQUE D'ORIENTATION MILITAIRE, à l'usage des troupes de toutes armes, par A. de Vaucresson, colonel du 13e de ligne. — Vol. in-32 broché. » 25

MANUEL FRANÇAIS-ITALIEN SUR LES RECONNAISSANCES d'après le programme ministériel du 30 septembre 1874, par Jules Papillon, officier d'Académie, membre fondateur de la Société polytechnique militaire. — Vol. in-32 de 200 pages.................................. 1 50

GUIDE MILITAIRE FRANCO-ALLEMAND, à l'usage de l'armée, des écoles militaires, des collèges et des sociétés de gymnastique, par Emile Lebert.................. 1 50

PETIT GUIDE FRANÇAIS ALLEMAND, à l'usage du soldat. — Br. in-32 de 20 pages, couverture parcheminée....... » 20

BESCHERELLE (H.) Jeune. — DICTIONNAIRE CLASSIQUE DE LA LANGUE FRANÇAISE, le plus exact et le plus complet de tous les ouvrages de ce genre, et le seul où l'on trouve la solution de toutes les difficultés grammaticales suivi d'un Dictionn. géographique, biographique et mythologique. — Fort vol. grand in-8o de 1,308 pages . 11 »

Le même, richement relié demi-maroquin............ 15 »

LAROUSSE. — Nouveau Dictionnaire de la langue française,

Comprenant : 1° Une nomenclature très complète de la langue, avec la nouvelle orthographe de l'Académie, les étymologies et les diverses acceptions des mots appuyées d'exemples; 2° Des développements encyclopédiques relatifs aux mots les plus importants des sciences, des lettres et des arts; 3° Un dictionnaire des locutions grecques, latines et étrangères que l'on trouve souvent citées par nos meilleurs écrivains; 4° Un dictionnaire géographique, historique, artistique et littéraire.

raire. *Quatre dictionnaires en un seul.* (64e édition, augmentée et illustrée de 1,500 grav.). Prix, cartonné. 2 60
Par la poste.................................. 3 20

GUÉRARD ET SARDOU. — Dictionnaire de la langue française.............................. *franco* 3 20

NOEL ET CHAPSAL. — Nouvelle grammaire française avec nombreux exercices d'orthographe, de syntaxe et de ponctuation, — Vol. in-8° de 220 pages........ 1 50

Petite géographie de la France a l'usage des écoles et des familles.................................... 1 25

Alphabet du soldat. — Ouvrage adopté par M. le Ministre de la guerre, pour l'enseignement de la lecture dans les écoles régimentaires de toutes armes; cartonné... » 30

Lectures du soldat, livre de lecture courante à l'usage de l'armée, faisant suite à l'Alphabet du soldat... 1 »

Lectures militaires a l'usage des écoles régimentaires, par Adam (Adolphe), professeur d'histoire au Prytanée militaire de la Flèche. — Fort vol. in-12 cartonné. 1 50

Modèles d'écritures en tous genres, carnet complet très soigné.. 1 50

L'éducation militaire a l'école, par A. Garçon, professeur à l'Association polytechnique, membre et lauréat de plusieurs société savantes. — Br. in 32 de 40 pages. » 50

Sciences et Art militaires

F. ROBERT, ancien professeur à l'Ecole supérieure de guerre, chef d'état-major de la 6e division d'infanterie :

1re *partie*, TACTIQUE DE COMBAT DES GRANDES UNITÉS. Vol. in-8o de 160 pages avec six planches en chromolithographie, hors texte (épuisé)................ 4 »

2e *partie*, TACTIQUE APPLIQUÉE. — Vol. de 216 pages 6 planches chromo-lithographie hors texte......... 4 »

THÉORIES DU GÉNÉRAL DRAGOMIROFF (extrait de la *Revue d'Infanterie*). — Vol. in-8o de 60 pages............ 2 »

LA GUERRE DE SURPRISES ET D'EMBUSCADES, par A. Quinteau. — 2 beaux vol. grand in-8o d'environ 800 pages, brochés (épuisé)................................ 12 »

TRAITÉ DE TACTIQUE EXPÉRIMENTALE, par H. Bernard, colonel du 144e d'infanterie.

Tome I, de 541 avant J.-C. à 1796. — Fort vol. grand in-8o.. 7 50

Tome II, de 1797 à 1805. — Fort vol. grand in-8o 7 50

Tome III, de 1806 à 1812. — — 7 50

Tome IV, de 1813 à 1814. — — 7 50

Tome V, de 1815 à 1854. — — 7 50

Tome VI, de 1855 à 1859. — — 7 50

LA STRATÉGIE APPLIQUÉE, avec cartes et plans, par le colonel Fix (H.-C.), commandant le 6e régiment d'infanterie belge. — 2 forts vol., grand in-8o de 500 pages.. 15 »

GUIDE PRATIQUE POUR LA GUERRE EN AFRIQUE, à l'usage des officiers et des sous-officiers, par le commandant Dumont, du 92e. — Br. in-18 de 96 pages................ 1 25

MANUEL DU DYNAMITEUR. — LA DYNAMITE DE GUERRE ET LE COTON-POUDRE. *Leur fabrication, leur conservation, leur transport et leur emploi*, d'après les règlements en vigueur, par le commandant Dumas-Guilin. — Vol. in-18 de 388 pages avec 48 figures..................... 4 »

LES FORTS ET LA MÉLINITE. — Br. in-18 de 64 pages.. 1 25

LES TRAVAUX DE CAMPAGNE, guide théorique et pratique du pionnier d'infanterie, d'après les cours professés à l'Ecole des travaux de campagne et les ouvrages les plus autorisés publiés à l'étranger. — Vol. de 149 pages, orné de 63 gravures (2e édition)................ » 35

Relié toile gaufrée................................ » 65

Histoire militaire

PRÉCIS D'HISTOIRE MILITAIRE, rédigé d'après les programmes officiels à l'usage des candidats aux écoles militaires et de MM. les officiers, par Vermeil de Conchard, capitaine d'infanterie breveté, ex-professeur à l'Ecole militaire d'infanterie. — Vol. in-18 de 208 pages...... 3 »

HISTOIRE MILITAIRE DE LA FRANCE, de 1643 A 1871, par Emile Simond, lieutenant au 28e de ligne. — 2 vol. brochés.. » 70

Richement reliés toile........................... 1 20

JEANNE D'ARC ET L'ARMÉE FRANÇAISE. — Brochure in-8° de 12 pages.. » 60

LA VÉRITÉ SUR LA CAMPAGNE DE 1815. — Vol. in-8° de 84 pages.. 2 »

RELATION DE L'INSURRECTION DES TROUPES ESPAGNOLES DÉTACHÉES DANS L'ILE DE SÉELAND, sous les ordres du général Fririon, en 1808, avec les pièces justificatives destinées à compléter la relation, par E. Fririon, capitaine au 8e de ligne. — Vol. in-8°............... 2 »

SIÈGE DE MILIANAH, ses ravitaillements (extrait de la *Revue d'Infanterie*). — Vol. in-8° de 36 pages........... 2 »

EXACTE VÉRITÉ SUR LA TROUÉE TENTÉE A BALAN, LE 1er SEPTEMBRE 1870 (Bataille de Sedan), par Grand-Didier capitaine au 34e de ligne, en retraite. — Br. in-8° de de 32 pages.. » 75

CAMPAGNE DU NORD EN 1870-1871. *Histoire de la défense nationale dans le nord de la France*, par Pierre Lehautcourt. — Vol. grand in-8° de 300 pages, avec 6 cartes gravées sur acier.................................. 6 »

NOTES SUR LA CAMPAGNE DU 3e BATAILLON DE LA LÉGION ÉTRANGÈRE AU TONKIN. — Vol. in-8° de 64 pages... 1 »

JOURNAL DU SIÈGE DE TUYEN-QUAN (23 novembre 1884-3 mars 1885). — Vol. in-32 de 102 pages, broché.......... » 35

Richement relié toile................................ » 60

HISTORIQUE SUCCINCT DE L'ARTILLERIE AU TONKIN PENDANT

les années 1883 et 1884, par C. Humbert, chef d'escadron d'artillerie de marine, breveté, 2 vol. brochés..... » 70
Richement relié toile.......................... 1 20

Histoire de la participation des Belges aux campagnes des Indes orientales néerlandaises sous le gouvernement des Pays-Bas, 1815-1830, par Eugène Cruyplants, capitaine aide de camp du commandant de la garde civique de Gand, officier de l'ordre de Takovo de Serbie, — Br. grand in-8° de 402 pages, avec trois cartes et un portrait du général Lahure .... 5 »

La guerre, l'Europe et les coalitions. — Brochure in-8° de 72 pages................................ 1 25

Etude militaire sur l'Egypte, *campagne des Anglais en* 1882 (2e édition). — Br. in-32 de 32 pages sur fort papier velin, broché.. » 35
Richement relié toile.......................... » 60

Le Soudan, Gordon et le madhi, par le commandant Heumann, O. ✠. — Vol. de 96 pages, avec deux cartes et 4 plans, broché............................. » 35
Richement relié toile.......................... » 60

Guerre du Soudan (le madhi), avec carte du théâtre de la guerre, par A. Garçon, professeur à l'Association polytechnique. — Br. in 32........................ » 60

Précis de la guerre du Pacifique (*entre le Chili d'une part le Pérou et la Bolivie de l'autre*). — Vol. in-32 de 72 pages, suivi d'une carte planimétrique de la côte du Pacifique et d'un plan des principales batailles, broché » 35
Richement relié en toile anglaise............... » 60

L'Éducation et la discipline militaires chez les anciens, par M. Poullin. — Vol. in-32 de 144 pages; broché... » 35
Richement relié toile.......................... » 60

Géographie — Voyages

MINISTERE DE LA GUERRE. — Ecoles régimentaires. — Cours préparatoire. — Géographie. — Vol. in-18 de 175 pages avec 14 cartes * .... 3 »

PRÉCIS DE GÉOGRAPHIE MILITAIRE, rédigé d'après les programmes officiels à l'usage des candidats aux écoles militaires et de MM. les officiers, par Vermeil de Conchard, capitaine d'infanterie breveté, ex-professeur à l'Ecole militaire d'infanterie.— Vol. in-18 de 224 p.. 3 »

PETITE GÉOGRAPHIE DE LA FRANCE A L'USAGE DES ÉCOLES ET DES FAMILLES 1 25

ALGÉRIE ET TUNISIE, esquisse géographique, par A. Laplaiche, membre et lauréat de plusieurs sociétés savantes, ancien professeur de l'Université. — Vol. in-18 de 106 pages.......................... 2 »

LA TUNISIE FRANÇAISE, par P. Tournois, lieutenant d'infanterie de marine. — Vol. in-8° de 84 pages........ 2 »

D'AIN-SEFRA A TOMBOUCTOU PAR LE GOURARA ET LE TOUAT, par Vallette, capitaine au 3e tirailleurs algériens. — Vol. in-8° de 32 pages avec une carte........... 1 25

DU RHÔNE AU PÔ ET VICE-VERSA. — Etude militaire. — Vol. in-8° de 144 pages.......................... 2 »

LES HAUTES-PYRÉNÉES, étude historique et géoraphique du département depuis les temps les plus reculés jusqu'à nos jours, avec une description des principales villes : Tarbes, Bagnères-de-Bigorre, Lourdes, etc.; par MM. Bois, capitaine au 76e d'infanterie, et C. Durier, archiviste du département des Hautes-Pyrénées. — Vol. in-8° de 220 pages.......................... 3 50

DICTIONNAIRE DES COMMUNES DE LA FRANCE, DE L'ALGÉRIE ET DES AUTRES COLONIES FRANÇAISES, précédé de tableaux synoptiques, par Gindre de Mancy. — Vol. in-18 de 800 pages, richement relié toile.................. 5 »

Topographie, Cartographie, Plans, Instruments, etc.

(Pour les publications du service géographique de l'armée, il existe un catalogue spécial très complet qui est envoyé gratuitement sur demande).

COURS DE TOPOGRAPHIE, à l'usage des officiers et sous-officiers de toutes armés (armée active, réserve, armée territoriale), ouvrage rédigé conformément aux programmes officiels, par A. Laplaiche, ancien professeur de l'Université. — 2 vol. in-32 (5e édit. :

Le 1er de 120 pages, ornée de 140 figures, broché........ » 35
Relié toile gaufrée.. » 60
Le 2e de 128 pages, orné de 66 figures, broché........ » 35
Relié toile gaufrée.. » 60

MINISTÈRE DE LA GUERRE. — Cours préparatoire. — TOPOGRAPHIE. — Vol. in-18 de 182 pages, avec figures dans le texte, tableaux et cartes *.......... 2 »

NOTIONS SOMMAIRES SUR L'ÉTUDE ET LA LECTURE DES CARTES TOPOGRAPHIQUES, par le commandant A. H. — Br. in-8o avec nombreux plans et dessins =.............. » 75

ECOLE THÉORIQUE ET PRATIQUE D'ORIENTATION MILITAIRE, à l'usage des troupes de toutes armes, par A. de Vaucresson, colonel du 13e de ligne. — Vol. in-32 broché.. » 25

CARTE DU TONKIN, publiée avec l'autorisation de M. le Ministre de la marine et des colonies, par M. A. Gouin, lieutenant de vaisseau. Chromolithographie, format 71/108 cent.. 4 »

CARTE DES ENVIRONS DE LIMOGES au $\frac{1}{20,000}$ format 100 × 80 centimètres.

En feuille =.............................. 2 »
Collée sur toile =.............................. 4 »
— — et pliée =.............................. 5 »

CARTE DES TERRAINS DE MANŒUVRES DE LIMOGES au $\frac{1}{10,000}$ format 50 × 60 centimètres, en quatre couleurs.

En feuille =.............................. » 75
Collée sur toile =.............................. 1 50
— — et pliée =.............................. 2 25

NOUVELLE CARTE MILITAIRE DE LA FRANCE, par le commandant Bonetti, donnant, par région de corps d'armée et par subdivision de région, l'emplacement de toutes les troupes de l'armée active et de l'armée territoriale, les anciennes et nouvelles lignes de chemins de fer, etc.; belle chromo-lithographie en sept couleurs, avec répertoire et tableaux, honorée d'un prix du Ministre et couronnée par la Société nationale d'instruction et d'éducation populaires (médaille d'honneur). — Une feuille format grand colombier (10e édition) =........ 2 »

Graphiques de marche. — Papier quadrillé bleu à 2mm, format 30 × 40 centimètres, avec traits renforcés dans les deux sens pour indiquer les heures et les distances; la feuille ×.. » 08

Rapport de reconnaissance, modèle A; conforme au modèle donné à l'instruction pratique sur le service en campagne; no 72, infanterie, et no 70, cavalerie; le cent ×.. 2 »

Enveloppes pour lesdits rapports, le cent ×......... 2 50

Carnet de manœuvres, solidement relié, avec poche, deux coulissseaux, crayons rouge et bleu, fermant avec caoutchouc soie, contenant un bloc de 100 rapports de reconnaissance et 25 enveloppes à leur usage. × 5 »

Bloc de 100 rapports de reconnaissance, modèle A, pour remplacement dans le carnet ci-dessus. *Le dos est préparé pour le collage. Il suffit de l'humecter et de l'appliquer* ×.. 2 50

Papier bleu a décalquer indéfiniment, permettant de reproduire simultanément plusieurs copies du même travail. (*Pour obtenir ce résultat, il suffit d'intercaler une feuille de ce papier entre deux feuillets blancs, écrire sur le premier de ces feuillets, et l'on obtient une copie; deux feuilles bleues intercalées fournissent deux copies, trois feuilles intercalées en donnent trois, plus l'original*). — La feuille format 0,16 × 0,21 =.......... » 08

Rapport journalier (manœuvres de brigade, avec cadres, 12 février 1879) ×.. » 06

Alidade (double décimètre) triangulaire; l'une —..... » 50

Boussole déclinatoire, 0m,07 de côté; l'une —..... 1 25

Boussole déclinatoire, 0m,07 de côté; à suspension — 1 60

La même avec boulons pour carton-planche —....... 2 »

Boussole forme montre, cuivre et melchior, 30mm. — 1 »

La même avec arrêt, 35 millimètres —................ 1 55

La même avec arrêt et chape agate, 40 millimètres —. 2 5

Crayons de couleur mine bleue, qual. sup. H. C.-L. — » 20

CRAYONS DE COULEUR MINE ROUGE, qual. sup. H. C.-L.— » 20
— — — BISTRE, — — — » 20
— — — VERTE, — — — » 20

CURVIMÈTRE breveté s. g. d. g. — Instrument de poche destiné à mesurer les lignes droite, courbes ou brisées sur les plans et cartes géographiques; indispensable aux officiers, ingénieurs, architectes et géomètres. — Prix —.. 1 50

CURVIMÈTRE A CADRAN servant à mesurer instantanément et sans report à l'échelle les distances sur les cartes géographiques et les plans quelles que soient leurs échelles. Prix avec étui —.............................. 7 50

PODOMÈTRE, 16 lignes, boîte métal nickelé à fond, mouvement cuivre à deux aiguilles, cadran émail à zone couleur, marche garantie —................... *franco* 16 »

POCHE A CARTES en taffetas transparent et imperméable, à faces quadrillées.

(L'une des faces est divisée en centimètres et en demi-centimètres, l'autre en carrés renforcés ayant 0,0125 de côté et chacun de ces côtés en quatre parties égales; cette disposition permet de calculer les distances sans le secours du compas ni d'aucun autre instrument sur une carte d'échel e quelconque, depuis le 1/1,000 jusqu'au 1/1,000,000, y compris, par conséquent, les échelles les plus usuelles de 1/20,000, 1/40,000, 1/80,000, 1/320,000, 1/50,000, 1/100,000, 1/500,000.)

Modèle de la maison H. Charles-Lavauzelle, l'une = 1 50
Modèle de l'Ecole de guerre, l'une =............ 1 50

Aérostation, Colombophilie, Vélocipédie, etc.

ISTOIRE ANECDOTIQUE DES ANIMAUX A LA GUERRE, par Ludovic Jablonski, officier d'administration des hôpitaux. — Vol. in-12 de 204 pages......................... 2 50

CORRESPONDANCES MILITAIRES PAR PIGEONS VOYAGEURS. Etude faite par le lieutenant-colonel de la Villate, du 5e régiment d'infanterie, officier d'Académie. — Vol. in-8o de 56 pages.. 2 »

Aide-Mémoire. — Vade-mecum.

AIDE-MÉMOIRE DES FONCTIONNAIRES DE L'INTENDANCE EN CAMPAGNE. —Vol. in-8° de 396 p., relié toile anglaise = 6 »

AIDE-MÉMOIRE DE L'OFFICIER D'ÉTAT-MAJOR EN CAMPAGNE, dernière édition mise à jour. — Beau vol. de 360 pages, avec nombreux tableaux et croquis =.......... 5 »

AIDE-MÉMOIRE DE L'OFFICIER DU GÉNIE EN CAMPAGNE (édition de 1886). — Vol. in-8° de 368 pages, relié toile (2e édition)= .... 5 »

AIDE-MÉMOIRE DE L'OFFICIER D'INFANTERIE EN CAMPAGNE. — Vol. de 294 pages, avec cinq planches, relié toile (2e édition)................................ 5 »

MEMENTO PRATIQUE DU SERVICE DE L'OFFICIER D'INFANTERIE EN CAMPAGNE, par un officier d'infanterie. — Vol. in-18 de 104 pages, relié toile........................ 2 50

VADE-MECUM DE L'OFFICIER D'APPROVISIONNEMENT. — Nouvelle édit., revue, revue, corrigée et augmentée.

Contenant, avec l'instruction du 12 avril 1889, les modèles et les notices qui y font suite : 1° La circulaire du 14 mars 1883 sur le groupement et l'administration des isolés ; — 2° La circulaire du 1[illegible] août 1879 portant création d'un nouveau tarif d'indemnité journalière ; — 3° Des renseignements utiles sur les premiers soins à donner aux chevaux, en l'absence du vétérinaire ; — 4° Plusieurs tarifs suivis d'instructions pratiques sur leur application ; — 5° Une notice spéciale sur l'organisation et le fonctionnement des services administratifs pendant les grandes manœuvres ; — 6° Une notice sur le service d'alimentation en campagne ; — 7° Des renseignements sur la qualité des denrées alimentaires et les moyens de reconnaître si elles sont de bonne qualité ; — 8° Un résumé, aussi complet que possible, des principes mathématiques pour le mesurage, le pesage et le jaugeage des denrées de toute nature.

Annuaires

ANNUAIRE DE L'ARMÉE TERRITORIALE POUR 1889, INFANTERIE.
Prix : broché.................................. 6 »
— relié.................................. 7 50

ETAT DU CORPS DU GÉNIE POUR 1889. — Vol. de 388 pages :
Pour les officiers en activité : broché........ 1 50
— — relié........... 2 »
Pour les autres acquéreurs.................. 3 »
— — .... 4 »
ANNUAIRE SPÉCIAL DE L'ARME DE LA GENDARMERIE, pour 1889 — Br. in-8° de 254 pages (épuisé)............... 2 »
ALMANACH ANNUAIRE DE LA GENDARMERIE pour 1889. — Br. in-32 de 216 pages.............................. » 60
ALMANACH ANNUAIRE DE L'ARMÉE FRANÇAISE POUR 1889. — Br. in-32 de 216 pages............................ » 60

Avancement

TABLEAU D'AVANCEMENT DES OFFICIERS DE TOUS GRADES ET ASSIMILÉS pour l'année 1889. — Br. in-8° de 64 pag. » 40
PROGRAMME DU 25 MAI 1889 sur les connaissances exigées des LIEUTENANTS ET SOUS-LIEUTENANTS proposés spécialement pour les fonctions de TRÉSORIER et d'OFFICIER D'HABILLEMENT =.......................... » 25
PROGRAMME DU 15 MARS 1883 sur les connaissances exigées des SOUS-LIEUTENANTS, LIEUTENANTS ET CAPITAINES proposés pour l'AVANCEMENT, mis à jour jusqu'en avril 1889 (16 pages) =.......................... » 25
PROGRAMME DU 7 MARS 1883 sur les connaissances exigées des CAPITAINES proposés pour l'AVANCEMENT et présentés spécialement pour les fonctions de MAJOR. = » 25
PROGRAMME des connaissances exigées pour l'admission dans le CORPS DU CONTRÔLE de l'administration de l'armée, et épreuves à subir par les candidats au grade de CONTRÔLEUR ADJOINT (24 mars 1883) =.......... » 25
PROGRAMME DES CONNAISSANCES EXIGÉES des chefs de bataillon, d'escadron ou majors, des capitaines et des officiers d'administration proposés pour l'intendance. — Br. in-8° de 24 pages.............................. » 30
ARRÊTÉ MINISTÉRIEL DU 5 AVRIL 1886, portant instruction

pour l'établissement des propositions pour le grade d sous-lieutenant dans l'arme de la cavalerie (18 févrie 1889). — Vol. de 24 pages X .... » 5

NOTES MILITAIRES. — Du commandement et du corps d'offi ciers. — Vol. in-8o de 28 pages 1

Mobilisation. — Service de marche

LA MOBILISATION, mesures préparatoires en temps de paix recrutement et réquisitions militaires. Devoirs des mu nicipalités en temps de guerre d'après les lois et règle ments en vigueur, par Edm. Pascal. — Vol. grand in-8 de 400 pages, avec formules et tableaux.......... 10

Prix réduit pour les abonnés à la *France mili taire*.. 5

EXTRAITS DES RÈGLEMENTS ET INSTRUCTIONS SUR L'ADMINIS TRATION, LES APPELS ET LA MOBILISATION DES RÉSER VISTES ET DISPONIBLES, à l'usage des troupes d'infante rie. — Vol. in-8o de 240 pages................. 2 5(

EXTRAIT A L'USAGE DES BRIGADES DE GENDARMERIE DE L'INS TRUCTION DU 28 DÉCEMBRE 1879 (édition refondue), *su l'administration des hommes de tout grade de la dispo nibilité, de la réserve et de l'armée territoriale dan leurs foyers*. — Vol. in-8o de 230 pages.......... 2 »

INSTRUCTION DU 28 AVRIL 1888 SUR L'ORGANISATION ET LE FONCTIONNEMENT DES STATIONS HALTE-REPAS ET SUR L'ALIMENTATION PENDANT LES TRANSPORTS STRATÉGIQUES — Br. in-8o de 68 pages, *net et franco*........... » 4.

DÉCISION MINISTÉRIELLE DU 29 FÉVRIER 1888 modifiant les annexes au règlement sur le service des étapes et au règlement sur le service de santé en campagne. — Br in-8o de 16 pages et 4 planches.................... » 3(

LIVRET DES GITES D'ÉTAPE, publié par ordre du Ministre de la Guerre et arrêté à la date du 17 novembre 1888. — Vol. in-8o de 604 pages, *franco*.................. 4 5(

MODIFICATION AU LIVRET DES GITES D'ÉTAPE (17 novembr 1888). — Vol. in-8o de 360 pages, *franco*.......... 2 6

BARÊME POUR L'APPLICATION DU DÉCRET DU 19 JUIN 1888 SUR LE SERVICE DES FRAIS DE ROUTE. — Volume in-4o de 134 pages.................................. 5 »

TABLEAU SYNOPTIQUE, imprimé en trois couleurs, portant decompte de l'indemnité kilométrique de 1 à 1,200 kilomètres, pour MM. les officiers, les adjudants et les hommes de troupe................................ 1 »

DÉCRET DU 12 JUIN 1867 portant règlement sur le service des frais de route des militaires isolés, mis à jour jusqu'au 1er juillet 1888. — Vol. in-8o de 188 pages.......... » 90

Droits civiques et politiques des militaires. Pensions. — Secours, etc.

TRAITÉ DES PENSIONS CIVILES ET MILITAIRES, par M. Adrien Bavelier, ancien avocat à la cour de cassation.
Tome I. — *Pensions civiles.*
Tome II. — *Pens. milit. des armées de terre et de mer.*
Les 2 vol. in-18................................ 12 »

INSTRUCTION DU 27 AOUT 1886, relative AUX DEMANDES DE SECOURS.. » 50

LA LIBERTÉ DU MARIAGE DES OFFICIERS, par H. Marchant. — Br. in-8o de 24 pages........................ 1 »

CONDITION CIVILE ET POLITIQUE DES MILITAIRES (Recueil complet des lois, décrets, ordonnances, instructions, décisions et dispositions diverses actuellement en vigueur et relatifs aux). — 2 vol. de 128 pages, *franco*...... » 70

RECUEIL COMPLET avec notes et commentaires des LOIS, DÉCRETS, CIRCULAIRES, DÉCISIONS ET INSTRUCTIONS MINISTÉRIELLES EN VIGUEUR, établissant les droits des SOUS-OFFICIERS en matière de rengagement et mariage, retraite et admission aux emplois civils (en préparation).

Emplois civils

Recueil complet, avec notes et commentaires, des lois, décrets, circulaires, décisions et instructions ministérielles en vigueur, établissant les droits des sous-officiers en matière de rengagement et mariage, retraite et admission aux emplois civils. — 2 vol. in-32. (Le 1er volume est en vente, le 2e en préparation).

Brochés .... » 70

Richement reliés en toile anglaise.......... 1 20

Instruction sur les emplois civils réservés aux sous-officiers, à l'usage des militaires de la gendarmerie. — Br. in-32 de 96 pages.......... » 50

Instruction du 17 mars 1888, sur les emplois civils et militaires attribués aux sous-officiers rengagés et commissionnés. Br. in-8o de 36 pages, en librairie..... » 40

franco » 45

14e Liste des sous-officiers candidats a des emplois civils et militaires, classée le 28 février 1887 par la commission instituée en vertu de l'article 8 de la loi du 24 juillet 1873. — Br. in-8o de 40 pages.......... » 50

Guide des candidats a l'emploi de commissaire de surveillance administrative des chemins de fer, conforme aux derniers règlements officiels. — Br. in-32 de 16 pages =.......... » 50

Guide des candidats aux emplois de commissaire d police et d'inspecteur spécial de la police des che mins de fer, conforme aux dernières instructions mi nistérielles. — Br. in-32 de 16 pages =.......... » 5

Manuel du candidat a l'emploi de commissaire de sur veillance administrative des chemins de fer, par A Laplaiche (3e édition). — Vol. in-12, avec 63 figure dans le texte, broché.......... 8 5

Relié en percaline.......... 9

Historiques des corps de troupe

M. Henri Charles-Lavauzelle se met à la disposition de MM. les chefs de corps pour publier l'historique de leur régiment dans les conditions les plus avantageuses suivant le format et l'importance de la souscription.

HISTORIQUE DU 92e DE LIGNE. — Magnifique volume de 400 pages, avec 20 gravures coloriées hors texte..... 20 »

HISTORIQUE DU 3e RÉGIMENT DE ZOUAVES, rédigé par le lieutenant A. Marjoulet, d'après les ordres du colonel Lucas, commandant le régiment. — Beau vol. in-8o raisin de 328 pages (2e édition) .... 6 »

HISTORIQUE DU 104e RÉGIMENT D'INFANTERIE, rédigé d'après les documents du ministère de la guerre, par Joseph Perreau, lieutenant au 104e régiment. — Vol. in-8o de 158 pages .... 3 »

HISTORIQUE DU 95e RÉGIMENT TERRITORIAL D'INFANTERIE, par Charles Prévot, lieutenant au corps. — Volume in-8o de 196 pages.. 3 »

ESQUISSE HISTORIQUE DE LA GENDARMERIE FRANÇAISE, par H. Delattre. — Belle br. in-18 de 88 pages........ 2 »

ÉTUDE SUR L'HISTORIQUE DES CHASSEURS A PIED (Extrait de la *Revue d'infanterie*). — Br. in-8o de 68 pages.. 1 25

HISTORIQUE DU 3e BATAILLON DE LA LÉGION ÉTRANGÈRE AU TONKIN. — Vol. in-8o de 64 pages .... 1 »

Les Historiques ci-après sont publiés dans la collection de la ***Petite Bibliothèque de l'Armée française.***

Prix de chaque volume.	Broché	En librairie................	» 30
		Par la poste................	» 35
	Pelié toile anglaise gaufrée et dorée........		» 60

HISTORIQUE DU 2e DE LIGNE. — Vol. de 128 pages.
HISTORIQUE DU 6e DE LIGNE. — Vol. de 128 pages.
HISTORIQUE DU 25e DE LIGNE. — Vol. de 128 pages.
HISTORIQUE DU 30e DE LIGNE. — Vol. de 128 pages.
HISTORIQUE DU 31e DE LIGNE. — Vol. de 64 pages.
HISTORIQUE DU 35e DE LIGNE. — Vol. de 112 pages.
HISTORIQUE DU 56e DE LIGNE. — Vol. de 120 pages.
HISTORIQUE DU 62e DE LIGNE. — Vol. de 96 pages.

Historique du 64e de ligne. — Vol. de 64 pages.
Historique du 65e de ligne. — Vol. de 128 pages.
Historique du 67e de ligne. — Vol. de 40 pages.
Historique du 69e de ligne. — Vol. de 128 pages.
Historique du 71e de ligne. — Vol. de 72 pages.
Historique du 72e de ligne. — Vol. de 128 pages.
Historique du 85e de ligne. — Volume de 64 pages.
Historique du 86e de ligne. — Vol. de 96 pages.
Historique du 92e de ligne. — Vol. de 96 pages.
Historique du 94e de ligne. — Vol. de 128 pages.
Historique du 138e de ligne. — Vol. de 64 pages.
Historique du 3e zouaves (2e édition). — Vol. de 120 pages
Historique du 1er bataillon de chasseurs à pied — Vol. de 56 pages.
Historique du 7e bataillon de chasseurs à pied. — 2 vol
Historique du 10e bataillon de chasseurs à pied. — Vol de 80 pages.
Historique du 3e régiment du génie, (2e édition). — 3 vol
Historique du 1er régiment de spahis. — Vol. de 96 pages
Historique du 16e régiment de chasseurs à cheval (e préparation).
Historique succinct de l'artillerie au Tonkin, pendan les années 1883 et 1884, par C. Humbert, chef d'escadro d'artillerie de la marine, breveté d'état-major. — 2 vol.
Journal du siège de Tuyen-Quan. — 1 vol.

Armées étrangères

ORGANISATION, TACTIQUE, STRATÉGIE, ETC., ETC.

Exposé sommaire de l'organisation militaire et de l situation financière des divers États de l'Europe au 31 décembre 1883, par P. Chalier de Grandchamps — Br. in-32 de 52 pages. » 6
Armées étrangères contemporaines : Europe, Asie, Afri

que, Amérique, Océanie, par A. Garçon, 2 vol. in-32 de 98 pages l'un, brochés.......................... » 70
Richement reliés toile.............................. 1 20

Règlements sur les exercices et évolutions des troupes à pied en Italie, en Autriche et en Allemagne, traduits, résumés et annotés par A. de Vaucresson, colonel du 13e de ligne : *Préliminaires. — Bases de l'instruction. — Ecole du soldat. — Armes à feu portatives. — Ecole de peloton. — Méthode d'instruction. — Exercices et exemples de combat.* — Vol. in-18 de 450 pages, cartonné.. 2 25

L'Armée anglaise, son histoire, son organisation actuelle, par A. Garçon. — Vol. in-32 de 128 pages, broché. » 35
Richement relié toile.............................. » 60

La Marine anglaise, histoire, composition, organisation actuelle, par A. Garcon. — Vol. in-32 de 96 pages, broché.. » 35
Richement relié toile.............................. » 60

L'Armée allemande, son histoire, son organisation actuelle. — Vol. in-32 de 128 pages (4e édition), broché. » 35
Richement relié toile.............................. » 60

Règlement du 1er septembre 1888, sur les manœuvres de l'infanterie allemande. — Vol. in-32 de 160 pages, relié toile anglaise.............................. 2 »

Règlement du 12 février 1887 sur le tir de l'infanterie allemande. — Volume in-32 de 190 pages, avec figures et 1 planche.. 2 50

Règlement du 23 mai 1887, sur le service des armées allemandes en campagne. — Vol. in-32 de 230 pages. Relié toile.. 2 50

Les Méthodes stratégiques des Allemands en 1870. — Br. in-18 de 36 pages.............................. 1 »

[G]uide militaire franco-allemand, à l'usage de l'armée, des écoles militaires, des collèges et des sociétés de gymnastique, par Emile Lebert.............................. 1 50

[P]etit Guide français-allemand, à l'usage du soldat. — Br. in-32 de 20 pages, couverture parcheminée....... » 20

[L]'Armée belge, composition, recrutement, mobilisation, écoles militaires, institut cartographique, armement,

manufacture d'armes de Liège, régime intérieur, alimentation, uniformes, système défensif. — Vol. in-32 de 96 pages, broché............................ » 3
Richement relié toile............................ » 6

L'Espagne et l'armée espagnole (extrait de la *Revue d'Infanterie*). — Br. in-8º de 16 pages................ » 5

L'Armée italienne, son organisation actuelle, sa mobilisation. — Vol. in-32 de 128 pages, broché............... » 3
Richement relié toile............................ » 6

Manuel français-italien sur les reconnaissances, d'après le programme ministériel du 30 septembre 1874, par Jules Papillon, officier d'Académie, membre fondateur de la Société polytechnique militaire. — Vol. in-32 de 200 pages............................ 1 50

L'Armée ottomane contemporaine, par Ch. Lebrun Renaud. — Vol in-32 de 88 pages, broché........ » 3
Richement relié toile............................ » 6

L'Armée des Pays-bas, notices militaires et géographiques (Publication de la Réunion des officiers.) — 2 vol. brochés............................ » 7
Richement reliés toile............................ 1 2

L'Armée portugaise, par A. Garçon. — Vol. de 108 pages broché............................ » 3
Richement relié toile............................ » 6

L'Armée suisse, son histoire, son organisation actuelle, par le commandant Heumann, O ✠, ex-instructeur à l'Ecole de Saint-Cyr. — Vol. in-32 de 136 pages, broché.. » 3
Richement relié toile............................ » 6

L'Armée suédoise, par le capitaine R. R***. — Vol. de 6 pages, broché............................ » 3
Richement relié toile............................ » 6

L'Armée russe : organisation générale ; le règlement d'infanterie ; le service en campagne ; instruction sur le travaux de campagne. — Tome 1er, vol. de 96 pages orné de figures (2e édition) broché............................ » 3
Richement relié toile............................ »

Littérature

SOUVENIRS DE SAINT-MAIXENT, par Ch. des Ecorres. — Volume in-18 de 256 pages, avec de nombreuses gravures dans le texte = ... 3 50

SOUVENIRS DE SAINT-CYR, 1re année (Esquisses de la vie militaire en France). — Joli vol. in-18 de 252 pages, richement imprimé sur papier de luxe (11e édit.) = ... 3 »

SOUVENIRS DE SAINT-CYR, 2e année, par le même. — Joli vol. in-18 de 288 pages, avec de magnifiques gravures dans le texte = ... 3 50

PÉCHÉS D'ÉCOLE. *Carnet d'un artilleur*, par Etoupille. — Vol. in-18 de 226 pages = ... 3 50

PÉCHÉS DE GARNISON, par E. T..., joli vol. in-18 de 304 pages, luxueusement imprimé = ... 3 »

NOUVEAUX PÉCHÉS, par E. T... — Vol. in-18 de 350 pages. luxueusement imprimé = ... 3 50

CONTES D'AMOUR ET DE BIVOUAC, par Ch. de Bys. — Vol. in-18 jésus de 276 pages, luxueusement imprimé avec 10 gravures hors texte = ... 3 50

[F]RATERNITÉ, par L. des Bouffioles. — Roman philosophique, social et militaire ; la Famille, la Patrie française, la guerre contre l'Allemagne, *Sursum corda!* — Couronné par la Société d'encouragement au bien. — Vol. in-18. 2 50

[A]VENTURES DE TROIS CANONNIERS, recueillies par un quatrième, par P. Noël. — Vol. in-18 de 338 pages... 3 »

[L]'ÉCUYER MAGNÉTISEUR, par E. T. — Vol. in-18 de 352 pages = ... 3 »

[L]A FILLE DU LIEUTENANT, traduit de l'anglais par G. Herbignac. — Vol. in-18 de 430 pages = ... 3 50

[L]A LANGUE VERTE DU TROUPIER, belle br. in-18 de 92 pages, avec préface de M. Raoul Bonnery, membre de la Société des Gens de lettres (2e édition) = ... 2 »

[J]'AIME.. A VOUS. — DANS LE MIDI. — SOUS LES HORTENSIAS. — FANFRELUCHE ET BEAUCOUSET. — Vol. in-18 de 292 pages = ... 3 50

[B]OURSE PLATE, par Joseph Maire. — Vol. in-18 de 364 p. 3 50

[M]ADAME LA PRÉFÈTE, par Joseph Maire, volume in-18 de 236 pages = ... 3 »

Poésie

LES SAINT-CYRIENNES, poésies, par Fernand Bernard, avec de splendides gravures dans le texte et hors texte. — Vol. in-18 de 216 pages ... 3 50

REISCHOFFEN, poésie ayant obtenu au concours littéraire du Centre le 1er prix, offert par M. le Président de la République. — Br. in-8° de 16 pages ... » 50

LES FREDONS, poésies par Alexandre Vallet. — Vol. de 136 pages ... 3 »

STANCES D'UN VOLONTAIRE, par Paul de Tournefort. — Poésies patriotiques en une élégante br. in-8° de 36 pages, imprimée avec luxe, honorée d'une souscription du ministère de la Guerre (8e édition) ... 1 »

INTIMITÉS — SOURIRES ET LARMES — poésies par F.-J. Mons, officier d'administration. — Vol. velin teinté, caractères antiques et vignettes têtes de chapitre ... 2 »

CHANTS MILITAIRES, CHANSONS DE ROUTE ET REFRAINS DE BIVOUAC, par le capitaine du Fresnel, du 62e de ligne. — Vol. de 56 pages broché ... *franco* » 35
Relié richement ... » 60

SONNERIES ET MARCHES du règlement du 29 juillet 1884 sur les manœuvres de l'infanterie, avec paroles du capitaine du Fresnel. — Vol. de 96 pages broché ... *franco* » 35
Relié richement ... » 60

Ouvrages divers

L'ARMÉE ET LA PLOUTOGRATIE, par le capitaine Nemo. Réponse à l'article de la *Revue des deux Mondes*, intitulé l'*Armée et la Démocratie*. — Br. in-8° ... 1 »

LA FRANCE EST PRÊTE ! en réponse à l'ouvrage : *Pourquoi la France n'est pas prête ?* Br. in-8° ... 2 »

LA PROCHAINE GUERRE FRANCO-ALLEMANDE, réponse au colonel Kœttschau, par un Zouave en activité de service. — Vol. in-8° de 48 pages........................ 1 »

L'ARMÉE FRANÇAISE EN 1887, par le général T... — Vol. in-18 jésus de 204 pages........................ 3 »

L'INFANTERIE FRANÇAISE EN 1887 (extrait de la *Revue d'Infanterie*). — Br. in-8° de 36 pages........................ 1 »

LE 12e CORPS D'ARMÉE ET LES MANŒUVRES DE 1886, par M. Ardouin-Dumazet. — Vol. in-8° de 308 pages. 3 50

LES MANŒUVRES D'AUTOMNE. Ce qu'elles sont; ce qu'elles devraient être (extrait de la *Revue d'Infanterie*). — Vol. in-8° de 64 pages........................ 2 »

LA VIE MILITAIRE (extrait de la *Revue d'infanterie*). — Br. de 20 pages........................ » 60

CONSEILS AUX JEUNES SOUS-LIEUTENANTS A LEUR SORTIE DE L'ECOLE. — Vol. de 64 pages........ *franco* » 35
Richement relié........................ » 60

LES COMPAGNIES MIXTES EN AFRIQUE (extrait de la *Revue d'Infanterie*). — Vol. in-8° de 60 pages........... 1 50

LES LONGS PARCOURS A CHEVAL (extrait de la *Revue d'Infanterie*). — Brochure in-8° de 52 pages............ 1 25

LES FORTS ET LA MÉLINITE. — Br. in-18 de 64 pages.. 1 25

CORRESPONDANCES MILITAIRES PAR PIGEONS VOYAGEURS. Etude faite par le lieutenant-colonel de la Villatte du 5e régiment d'infanterie, officier d'Académie.. — Vol. in-8° de 56 pages........................ 2 »

CODE DES SIGNAUX SUR LES CHEMINS DE FER FRANÇAIS, d'après l'arrêté ministériel du 15 novembre 1885. — Br. in-18 avec figures........................ » 50

NOTES SUR L'ÉDUCATION DES RECRUES. — Brochure in-8° de 24 pages........................ » 60

LES BATAILLES IMAGINAIRES. — LA BATAILLE DE LONDRES EN 188.., par A. Garçon. — Br. in-8° de 48 pages 1 25

LES BATAILLES IMAGINAIRES. — LE COMBAT NAVAL DE PORT-SAÏD EN 1886, entre les flottes alliées de France et de Turquie contre celle d'Angleterre, par A. Garçon. — Br. in-8° de 128 pages........................ 2 50

LE MARÉCHAL DAVOUT, DUC D'AUERSTAEDT ET PRINCE D'ECKMUL (1770-1823), par Marcel Poullin. — Br. de 40 pages........................ 1 »

Les Sous-officiers dans l'avenir ou *la question des sous-officiers.* — Br. in-8° de 34 pages.................... » 60

Archéologie tunisienne ; *épigraphie des environs du Kef ; inscriptions recueillies en* 1882-1883, par Espérandieu, lieutenant au 17e régiment d'infanterie. — Vol. in-8° avec 20 cartes, plans ou croquis 2 50

Portrait de M. Carnot, Présid. de la République, format : 620mm × 420mm.................................. 6 »

Portrait du général Boulanger, 525mm × 325mm... 5 »

Portrait équestre du général de Galliffet, format : 525mm × 325mm.................................. 5 »

Almanach de l'armée française en 1889. — Vol. in-32 de 216 pages.................................. » 60

Agenda de l'armée française pour 1889, carnet de poche recouvert en cuir de Cordoue ; véritable *vade-mecum* des militaires de tous corps et de toutes armes..... 2 50

LA FRANCE MILITAIRE

JOURNAL QUOTIDIEN

Organe des Armées de terre et de mer

	3 mois.	6 mois.	1 an.
France, Corse, Algérie...	5 fr.	9 fr.	18 fr.
Etranger et Colonies.....	7 fr.	12 fr.	24 fr.

Les abonnements partent du 1er de chaque mois

Le numéro, 10 c., en vente dans les gares des villes de garnison, les kiosques de Paris et libraires correspondants.

BULLETIN OFFICIEL
DU MINISTÈRE DE LA GUERRE

PRIX D'ABONNEMENT ANNUEL :

Pour les Chambre, Ministères, Préfectures, Officiers, Fontionnaires, militaires et assimilés de l'*Armée active*, et Capitaines-majors de l'armée territoriale .... 18 fr.

En dehors des catégories ci-contre .... 25 fr.

Les numéros isolés sont vendus :

5 c. lorsqu'ils ont 4 ou 8 pag.
10 id 12 ou 16 id

DOUBLER LE PRIX pour les frais d'envoi par la poste

SOUVENIRS
DE
SAINT-MAIXENT

Par Ch. des ECORRES

Vol. in-18 de 256 pages, avec nombreuses gravures dans le texte .... 5 fr.

SOUVENIRS DE SAINT-CYR

PREMIÈRE ANNÉE

ESQUISSES DE LA VIE MILITAIRE EN FRANCE

Par A. TELLER

Joli volume in-18 de 252 p., richement imprimé sur papier de luxe (11e édition)......... 3 fr.

SOUVENIRS DE SAINT-CYR

DEUXIÈME ANNÉE

Par A. TELLER

Joli volume in-18 de 288 pages avec de magnifiques gravures dans le texte...... 3 fr. 50

LES S^T-CYRIENNES

POÉSIES

PAR FERNAND BERNARD

Avec de splendides gravures dans le texte et hors texte

Volume in-18 de 216 pages..... 3 fr. 50

AIDE-MÉMOIRE
DE
L'OFFICIER D'INFANTERIE
EN CAMPAGNE

(2e Édition)

Volume de 294 pages, relié toile......... 5 fr.

AIDE-MÉMOIRE
DE
L'OFFICIER DU GÉNIE
EN CAMPAGNE

Volume in-8o de 368 pages, relié toile......... 5 fr.

A TRAVERS LA CAVALERIE

Organisation, Mobilisation
Instruction, Administration, Remontes, Tactique

1 vol. grand in-8o de 332 p., sur papier Japon... 6 fr.

ORGANISATION ET ROLE
DE LA
CAVALERIE FRANÇAISE
De 1800 à 1815

Volume in-8° de 104 pages............. 2 fr. 50

RÈGLEMENT DU 23 MAI 1887
SUR
LE SERVICE DES ARMÉES ALLEMANDES
EN CAMPAGNE

Volume in-32 de 230 pages, relié toile......... 2 fr. 50

RÈGLEMENT DU 1er SEPTEMBRE 1888
SUR LES
MANOEUVRES DE L'INFANTERIE
ALLEMANDE

Volume in-32 de 160 pages, relié................. 2 fr.

L'ARMÉE FRANÇAISE

EN 1887

Par le Général T***

Volume in-18 jésus de 200 pages.............. 3 fr.

LA VÉRITÉ
SUR LA CAMPAGNE DE 1815

Volume in-8° de 84 pages.......... 2 fr.

LA MOBILISATION

Mesures préparatoires en temps de paix
Recrutement et réquisitions militaires, devoirs des municipalités en temps de guerre
d'après les lois et règlements en vigueur,

Par **Edm. PASCAL**

1 vol. gr. in-8° de 400 p. avec formules et tableaux.. 10 fr.

Réduction de 50 °/o pour les abonnés à la France militaire *et à l'*Echo de la Gendarmerie.

R.F.

www.ingramcontent.com/pod-product-compliance
Ingram Content Group UK Ltd.
Pitfield, Milton Keynes, MK11 3LW, UK
UKHW020921180726
13838UKWH00002B/673

9 782329 135014